Mein Schillergarten

Dresden-Blasewitz
und sein historisches Gasthaus

Mit zahlreichen zeitgenössischen Abbildungen sowie
stadt- und kulturgeschichtlichen Informationen

Impressum
Bibliografische Information der Deutschen Bibliothek
Die Deutsche Bibliothek verzeichnet diese Publikation
in der Deutschen Nationalbibliografie;
detaillierte bibliografische Daten sind im Internet
unter http://dnb.ddb.de abrufbar.

Editorische Vorbemerkung
Alle Originalzitate aus Briefen und Zeitungen sind in der
damals jeweils üblichen Orthografie wiedergegeben,
um dem Leser ein möglichst authentisches Gefühl für
die Sprache in vergangenen Zeiten zu geben.

Herausgegeben von Frank Baumgürtel, Steffen Brasche und Thomas Jacob
Schillergarten Dresden GmbH, Schillerplatz 9, 01309 Dresden

© 2dPROJECT
Agentur für Kommunikation und Werbung, Enderstraße 59, 01077 Dresden
Illustrationskonzept, Layout, Satz und Herstellung: Dörte Gerlach, 2dPROJECT
Druck: Druckerei Thieme, Zaschendorfer Straße 91, 01662 Meißen
gedruckt auf Design Offset 120 g/qm
1. Auflage
Alle Rechte, insbesondere zur Reproduktion oder Verbreitung
durch print- und elektronische Medien, vorbehalten.
Lektorat: Matthias Griebel
Korrektorat: Rosemarie Knöfel
Redaktionsschluss: Oktober 2007
ISBN 978-3-00-021998-6

Daniella Fischer

Mein Schillergarten

Dresden-Blasewitz
und sein historisches Gasthaus

Mit zahlreichen zeitgenössischen Abbildungen sowie
stadt- und kulturgeschichtlichen Informationen

Ein Wort zuvor

Mein Schillergarten, …

… das ist das Schenkhaus Friedrich Schillers, aber auch das der Johanne Justine Segedin – der „Gustel von Blasewitz". Es ist der Schillergarten legendärer Wirte wie Louis Köhler oder Sonja und Claus Bongers, der Schillergarten zahlreicher Gäste, die ihn seit Jahren kennen und immer wieder besuchen oder gerade erst für sich entdeckt haben – und auch der Schillergarten des heutigen Wirtes Frank Baumgürtel, der sich gemeinsam mit seinen Partnern Steffen Brasche und Thomas Jacob mit dem Kauf dieses Traditionslokals einen Traum erfüllt hat. Mein Schillergarten … das ist eben jedem seiner.

Der Schillergarten ist eine der ältesten Gastwirtschaften Dresdens in wunderschöner Lage am Blasewitzer Elbufer und gegenüber des Loschwitzer Elbhanges. Seine Historie beginnt bereits am Ende des 17. Jahrhunderts – und seither ist er ein Haus voller Geschichten geblieben, solcher, die sich tatsächlich zugetragen haben, solcher, die man sich immer wieder erzählt und solcher, von denen man weiß, dass sie Legenden sind.

Er ist ein Wirtshaus mit einem bunten Reigen an Besitzern und Wirten, die jeder auf seine Weise die Identität des Hauses prägten. Seine besten Zeiten hatte er immer dann, wenn er tatsächlich ein „Wirts"-Haus war, also dem Wirt gehörte und nicht von einem Pächter verwaltet wurde. Dann war er Mittelpunkt großer und kleiner Feste und Musikereignisse, ein Ort der Erholung und Entspannung, aber auch der Sorgen und Tragödien – jedoch immer ein Wirtshaus für alle und nicht nur für die, die es sich leisten konnten. Durch die Besuche Friedrich Schillers in den Jahren 1785 bis 1787 bekam er eine besondere Rolle unter den Gasthäusern Dresdens. Spätestens seit er zum 100. Geburtstag des Dichters im Jahr 1859 die Taufe auf „Schillergarten" erhielt, pflegt man die Tradition und ehrt Friedrich Schiller in verschiedener Weise. Der Stadtteil Dresden-Blasewitz, in dem der Schillergarten liegt, ist ebenso reich an Geschichten wie das Lokal selbst, das untrennbar mit seinem Umfeld verbunden ist. Vom Schillerplatz aus, dem einstigen Dorfplatz, entwickelte sich Blasewitz zu einem Villenvorort und ist noch heute ein bevorzugter Stadtteil Dresdens.

Als einladendes Lokal mit gepflegter Gastronomie ist der Schillergarten direkt an der Elbe heute nicht nur im Sommer mit dem großen, sonnigen Biergarten und seinem alten Baumbestand ein Anziehungspunkt für Stammgäste und Besucher der Stadt. Mit seinen unterschiedlich eingerichteten Galsträumen im Erdgeschoss – durch offene Verbindungen mit geschickten Blickbeziehungen verbunden – ist er Wirtshaus im besten Sinne. Die Gesellschaftsräume in der oberen Etage mit Aussicht auf das „Blaue Wunder" und die Loschwitzer Elbhänge laden zu gediegenen Familien- und Firmenfesten ein, die Buffets im Freien unter der alten Kastanie zählen zu den beliebtesten Feierlichkeiten und schaffen unvergessliche Erlebnisse. Die Lage des Traditionslokals direkt am internationalen Elberadweg verführt darüber hinaus so manchen Radler zum Verweilen, beim Blick auf die Elbe mit den vorbeiziehenden Schiffen der Sächsischen Dampfschiffahrt oder die Bergbahnen den Augenblick zu genießen und sich ganz im Sinne Friedrich Schillers zu besinnen:

> „Sehn wir doch das Große aller Zeiten
> Auf den Brettern, die die Welt bedeuten,
> Sinnvoll still an uns vorübergehn."

Aus dem Inhalt

Barocker Beginn	9
Friedrich Schiller in Blasewitz	14
Über das Haus und den Garten	36
Von Wirten und Besitzern	71
Darben und Schlemmen	91
Feiern und Tanzen	103
Der Schillergarten heute	115
Zeittafel	122
Literaturverzeichnis	124
Abbildungsverzeichnis	125
Personenverzeichnis	126
Ein Wort zum Ausklang	127

Barocker Beginn

Gräfin Cosel und August der Starke

Barocker Beginn um 1700

Es ist Heiliger Abend 1716, als eine Kutsche, begleitet von einem Wachkommando und mehreren Offizieren, in Blasewitz ankommt und vor einem Gasthaus Halt macht. Auf der dünnen Schneedecke markieren sich die Hufe der Pferde, es ist kalt und feucht, und die aus der Kutsche steigende Dame würde zusammensinken, wenn man sie nicht stützte. Dennoch ist offensichtlich sie diejenige, der die Bewachung gilt. Von den fünf Schüsseln Speisen, die der Wirt serviert, rührt sie kaum etwas an, zu schwach ist sie. Schon nach kurzer Zeit machen sich die Wachmannschaften mit ihr, deren Schönheit trotz der Schwäche zu erahnen ist, wieder auf den Weg. Nachdenklich sieht der Wirt der Kutsche hinterher, löscht später das Feuer, wie das Gesetz es vorschreibt.

Die Dame war Anna Constantia Reichsgräfin von Cosel auf ihrem Weg in die Verbannung nach Stolpen, das Gasthaus der spätere Schillergarten, der Wirt Matthie, ein ehemaliger Stubenheizer Augusts des Starken. Soweit die Legende über den denkwürdigen Heiligen Abend 1716 während Augusts Regentschaft.

Stubenheizers Schenke

August der Starke, Sachsens prägender Kurfürst und seit 1697 der König von Polen, schenkte im Jahre 1704 seinem altgedienten Stubenheizer Johann Peter Matthie, den alle nur Matthäi nannten, ein baufälliges Jagdhaus in Blasewitz mitsamt dem „darauf haftenden freien Bierschank". Dessen erste Erwähnung als „Kurfürstliche Schenke" stammt aus dem Jahre 1683. Kurfürstin Magdalena Sibylla, die Großmutter Augusts des Starken, hatte 1670 das Gut in Blasewitz erworben, das sie, wie auch später ihre Kinder und Enkel, den Blasewitzer Förstern zur freien Verfügung überließ. Doch erst nach zehnjährigem Besitz, 1714, konnte Matthäi seinen Erb- und Befreiungsbrief erhalten. Bis dahin quälten ihn die Schulden des Hauses, die 40 Jahre nicht gezahlten Steuern und Querelen mit dem Förster.

Vielleicht war es das Vertrauen, das August der Starke seinem früheren Diener Matthäi entgegenbrachte, was die Kutsche mit der nunmehr ungeliebten Mätresse 1716 hier halten ließ – wir wissen es nicht. Matthäi bewirtschaftete jedenfalls fortan das Haus, baute 1717 neu, vererbte alles seinem Sohne Karl, der 1730 noch „eine Nahrung an der Elbe" dazu erwarb und dort gleichfalls Bier ausschenkte. Eine alte Ortschronik von Blasewitz lässt keinen Zweifel daran, dass der heutige Schillergarten einen Teil dieses Hauses bildete. Das Jahr 1730 wird daher als das Gründungsjahr des Schillergartens angesehen. Die Wirtschaft muss gut besucht gewesen sein, denn 1739 beschwerte sich die Gemeinde über die vielen vor der Schenke „parkenden" Pferde und meldete ihre Bedenken an, in der Nähe des damals noch mit Stroh gedeckten Hauses nicht zu unvorsichtig mit den Fackeln zu hantieren.

Die Zukunft beginnt

Aus den Jahren nach 1740 sind die Zeugnisse über das Anwesen spärlich. Während der Belagerung Dresdens durch die Preußen im Siebenjährigen Krieg diente der spätere Schillergarten den Flüchtlingen vorübergehend als Quartier. Zu jener Zeit gab es noch immer zwei Gastwirtschaften: den Gasthof und das Sommerschenkhaus, das Matthäis Sohn erworben hatte. Doch 1764 trennten sich die Wege der Häuser: Etwa eineinhalb Jahre, nachdem die Witwe Johanna Dorothea Segedin am 5. Januar 1763 ihre Tochter Johanne Justine geboren hatte, erwirbt sie das Sommerschenkhaus, heiratet bald darauf den Lakaien Karl Friedrich Fleischer – und fortan wird das Gasthaus die „Fleischersche Schenke" genannt. Später wird Tochter Johanne Justine Segedin als die „Gustel von Blasewitz" in der Geschichte ihren Weg nehmen.

Bilder oben: Anna Constantia Reichsgräfin von Cosel und August der Starke, Kurfürst von Sachsen und König von Polen
Bild unten rechts: Akte des Geheimen Kabinetts Augusts des Starken mit Briefen von Johann Peter Matthie, dem ersten Besitzer des Schenkhauses

Krieg und Frieden in Sachsen

Im Geburtsjahr 1763 der Johanne Justine Segedin, der späteren „Gustel von Blasewitz", wird mit einem Vertrag zwischen Preußen und Kursachsen auf Schloss Hubertusburg der Siebenjährige Krieg beendet. Unter Kurfürst Friedrich August I., genannt August der Starke, und seinem Sohn und Nachfolger Kurfürst Friedrich August II. war die Residenzstadt Dresden zu einer Kunstmetropole europäischen Ranges aufgestiegen, deren prächtige Barockbauten und wertvolle Kunstsammlungen weithin bekannt waren. Am sächsischen Hof arbeiteten bedeutende Künstler aus ganz Europa, und als eine der ersten deutschen Städte besaß Dresden öffentlich zugängliche Museen. Pöppelmann hatte den Zwinger errichtet, Bähr die Frauenkirche, die Dresdner Kunstsammlungen waren entstanden, die Porzellansammlung, das „Grüne Gewölbe", die Gemäldegalerie, der Mathematisch-Physikalische Salon. Doch der Siebenjährige Krieg ruinierte Sachsen wirtschaftlich, machte die Errungenschaften der augusteischen Zeit zunichte und hinterließ Leid und Zerstörung. Teile von Dresdens Innenstadt und die Vorstädte waren niedergebrannt, Kirchen wie Kreuz- oder Annenkirche vernichtet. Von den Folgen erholte sich die Stadt nur langsam. Noch 1768 war Johann Wolfgang von Goethe schwer erschüttert, als er bei seinem ersten Dresden-Besuch von der Kuppel der Frauenkirche auf die zerstörte Stadt blickte. In „Dichtung und Wahrheit" schreibt er: „Die Mohrenstraße im Schutt, sowie die Kreuzkirche mit ihrem geborstenen Turm drückten sich mir tief ein. ... Von der Kuppel der Frauenkirche sah ich diese leidigen Trümmer zwischen die schöne städtische Ordnung hineingesät."

Plan von Dresden, 18. Jahrhundert, Handzeichnung
Eindrucksvoll das große Blasewitzer Tännicht zwischen Dresden und Tolkewitz

Dorf Blasewitz nach dem Siebenjährigen Krieg

Blasewitz war zu jener Zeit nach dem Siebenjährigen Krieg noch immer ein beschauliches, weltvergessenes Dorf im Osten vor der Stadt mit nur etwas über 30 Häusern. Das Tännicht, ein großes Nadelwaldgebiet, das sich an der Elbe entlang bis fast an die Stadt erstreckte und durch dessen Überbleibsel man noch im heutigen Waldpark spazieren kann, schottete das kleine Dorf ab, ein Weg führte hindurch nach Striesen. Viele Jahrhunderte lang war das Dorf Sitz eines kurfürstlichen Revierförsters. Mittelpunkt bildete schon seit Ende des 15. Jahrhunderts der Dorfplatz nahe der Elbe, der heutige Schillerplatz, der noch immer pulsierendes Zentrum von Blasewitz ist. Die alten Höfe lagen, einem Hufeisen ähnlich, um den Platz herum, die Giebelseiten ihm zugewandt, so wie man es noch am Geburtshaus des Malers Woldemar Hottenroth, der heutigen „Pension Nebenan" sehen kann. Sein derzeitiges Aussehen erhielt der Schillerplatz erst um 1900 durch moderne Bauten wie die des Blasewitzer Architekten Karl Emil Scherz.

Schon immer muss Blasewitz mit seiner wunderschönen Lage an der Elbe die Menschen angezogen haben, nicht umsonst verlegten im Laufe der späteren Jahre immer mehr Leute ihren Wohnsitz dahin – doch es ist ein Irrtum, dass Blasewitz seinerzeit nur ein Villenvorort für Begüterte war. Zwar wurde einem Bauerngut nach dem anderen seine eigentliche Bestimmung entzogen, Umgestaltungen zu Wohnzwecken und für Handwerker bestimmten das Bild, doch es wohnten auch viele in einfacheren Verhältnissen. Eine auf Anregung der Königlichen Amtshauptmannschaft durchgeführte Erhebung räumte Ende des 19. Jahrhunderts mit dem Vorurteil auf, dass es in Blasewitz nur „sehr theuere Wohnungen" gäbe, die sich „wegen ihrer Größe überdies auch nur für Herrschaften eigne".

„Der Eingang ins Dorf Blasewitz im Jahre 1840", Aquarell von Johann Bernhard Schmelzer

Der Blasewitzer Komponist Johann Gottlieb Naumann

Zu seinen Lebzeiten hochgeschätzt, nach seinem Tode aber zu Unrecht in Vergessenheit geraten – der in Blasewitz geborene Johann Gottlieb Naumann war ein höchst produktiver Komponist. Er schrieb Opern, Kammermusik, Oratorien, Lieder, Sinfonien und Messen. Viele seiner Werke sind in italienischer Sprache abgefasst, manche auch in dänisch oder norwegisch, was mit seinen Aufenthalten in diesen Ländern zu begründen ist.

Am 17. April 1741 in Blasewitz geboren, erhielt Naumann zunächst Unterricht in der Dorfschule, zuerst in Blasewitz, später in Loschwitz. Dort unterrichtete ihn der Lehrer auch im Klavier- und Orgelspiel. Schon als 12-jähriger begleitete er in der Loschwitzer Kirche den Gesang mit der Orgel. Ungeachtet der augenscheinlichen Begabungen des Kindes ließen ihn die Eltern zunächst eine Ausbildung als Schlosser antreten, die so gar nicht nach seinem Geschmack war und der er oft fernblieb. Als Strafe, so die Legende, musste er darum des Öfteren das Vieh hüten. Später hatten die Eltern wohl ein Einsehen, willigten zum Schulbesuch in der Kreuzschule ein. Den weiten Weg in die Stadt legte das Kind zu Fuß zurück, erhielt von Kreuzkantor Gottfried August Homilius Unterricht. Ein junger Geiger namens Weeström entdeckte Naumann, nahm den noch nicht sechzehnjährigen mit auf Italienreise. Hier erhielt er Unterricht bei Giuseppe Tartini in Padua und Johann Adolf Hasse in Venedig, wo 1762 auch seine erste Oper aufgeführt wurde. Nach sieben Jahren, reich an Erlebnissen und künstlerischen Erfahrungen kehrte Naumann 1764 nach Blasewitz zurück.

In Dresden fand er schnell als Kirchenkomponist und später als Hofkapellmeister eine Anstellung. 1777 folgte er dem Ruf an den schwedischen Hof und reformierte das dortige Orchester. 1786, zu jener Zeit, als auch Schiller bei Körner weilte, erhielt Naumann einen Vertrag auf Lebenszeit in Dresden. Fast 30 Jahre nach seiner Rückkehr nach Blasewitz, 1792, heiratet er und zeugt vier Kinder, von denen er sich wünschte, sie mögen sich nicht der Musik widmen. Bei einem Spaziergang im Großen Garten verstarb Naumann 1801.

Johann Gottlieb Naumann, Hofkapellm[eister]
Öl auf Leinwand von
Friedrich Gotthard Naumann

Naumanns Geburtshaus an der heutigen Residenzstraße.

Johann Gottlieb Naumann in der Hofkirche;
Zeichnung von Erwin Oehme, 1905

Nach dem Siebenjährigen Krieg, 1764, also ein Jahr nach der Geburt der „Gustel von Blasewitz", kehrte der Musiker und gebürtige Blasewitzer Johann Gottlieb Naumann aus Italien in die Heimat zurück. Sein musikalisches Talent war schon während seiner Schulzeit entdeckt worden, 1754 wurde er Kreuzschüler. Man erzählt sich, er habe sein Pausenbrot oft auf den Stufen der Frauenkirche sitzend gegessen. Nach seiner Rückkehr aus Italien ermöglichte ihm die Stellung als Kirchenkomponist am sächsischen Hof und ab 1776 als Hofkapellmeister den Bau eines eigenen Hauses unweit seines Geburtshauses auf der Residenzstraße, der heutigen Loschwitzer Straße, dort, wo jetzt die Schiller Galerie steht. Umgeben von einer weitläufigen Gartenanlage hob es sich deutlich von den umliegenden Dorfhäusern ab und wurde bald das „Naumann-Palais" genannt. Doch Naumann war ohne Dünkel und den Blasewitzern nahe. So veranstaltete er zum Beispiel am 3. August 1779 für alle Blasewitzer Einwohner ein ländliches Fest in seinem Palais. Es war eine Zeit, da nach der schweren Hungersnot von 1770/71 Wohlstand und Landwirtschaft wieder gediehen, Handel und Gewerbe sich entwickelten wie auch Kunst und Wissenschaft, „langsam zwar, aber um so sicherer, zu einer vorher nie erreichten Blüthe, bis neue unheilvolle Ereignisse die innerste Lebenskraft des Volkes aufs neue erschütterten." Doch bevor Dresden und seine Vororte unter den Napoleonischen Kriegsereignissen leiden sollte, betrat ein Mann die Bühne in Blasewitz, von dem einmal die ganze Welt erfahren würde: Friedrich Schiller.

Blasewitz, Naumanns Palais.

FRIEDRICH SCHILLER IN BLASEWITZ

Es war Mitternacht am 11. September 1785, als Friedrich Schiller von Leipzig kommend in Dresden eintraf, worüber er zwei Tage später seinem Bekannten, dem Schriftsteller Ludwig Ferdinand Huber, nach Leipzig schreibt: „Unsere Hierherreise war wirklich sehr angenehm; schade nur, daß der Abend und die Nacht uns beim Eintritt in die schönen Landschaften überfielen. ... Als auf einmal, und mir zum erstenmal, die Elbe zwischen 2 Bergen heraustrat, schrie ich laut auf. – O, mein liebster Freund, wie interessant war mir Alles! Die Elbe bildet eine romantische Natur um sich her, und eine schwesterliche Ähnlichkeit dieser Gegend mit dem Tummelplatz meiner frühen dichterischen Kindheit macht mir sie dreifach theuer." Wenige Tage zuvor, am 6. September 1785, hatte Schiller den seit 1783 in Dresden wirkenden neuen Freund Christian Gottfried Körner fast flehentlich gebeten: „Ich muss zu Euch – und auch meine Geschäfte fordern Ruhe, Muse und Laune. In Eurem Zirkel allein kann ich sie finden. Schreibe mir, bester Körner, mit dem ersten Posttag – nur in zwei Zeilen – ob ich kommen kann und darf." Körner antwortete prompt, hatte er Schiller doch schon einige Zeit vorher wissen lassen: „Aber ein Jahr wenigstens lass mir die Freude, Dich aus der Nothwendigkeit des Brodverdienens zu setzen."

So beginnt nun im September 1785 Schillers Zeit in Dresden, die er häufig im Haus der Körners am Kohlmarkt in Dresden (jetzt Nähe Hotel Bellevue) sowie in Loschwitz auf dem heutigen Körnerweg und in dem kleinen Weinberghäuschen am Hang verbrachte, das als „Schillerhäuschen" noch immer an den Dichter erinnert. Es wurde für ihn eine Zeit wichtiger Phasen dichterischen Schaffens, mit etwas mehr Ruhe im bisher unsteten Leben, aber auch mit Genüssen und Erlebnissen in der „Fleischerschen Schenke" am anderen Elbufer, dem heutigen Schillergarten, in die er sich des Öfteren mit der Fähre übersetzen ließ.

Bild Mitte: „Elbpartie am Fährhaus (Fleischersche Schenke) in Blasewitz", Anton Graff um 1801

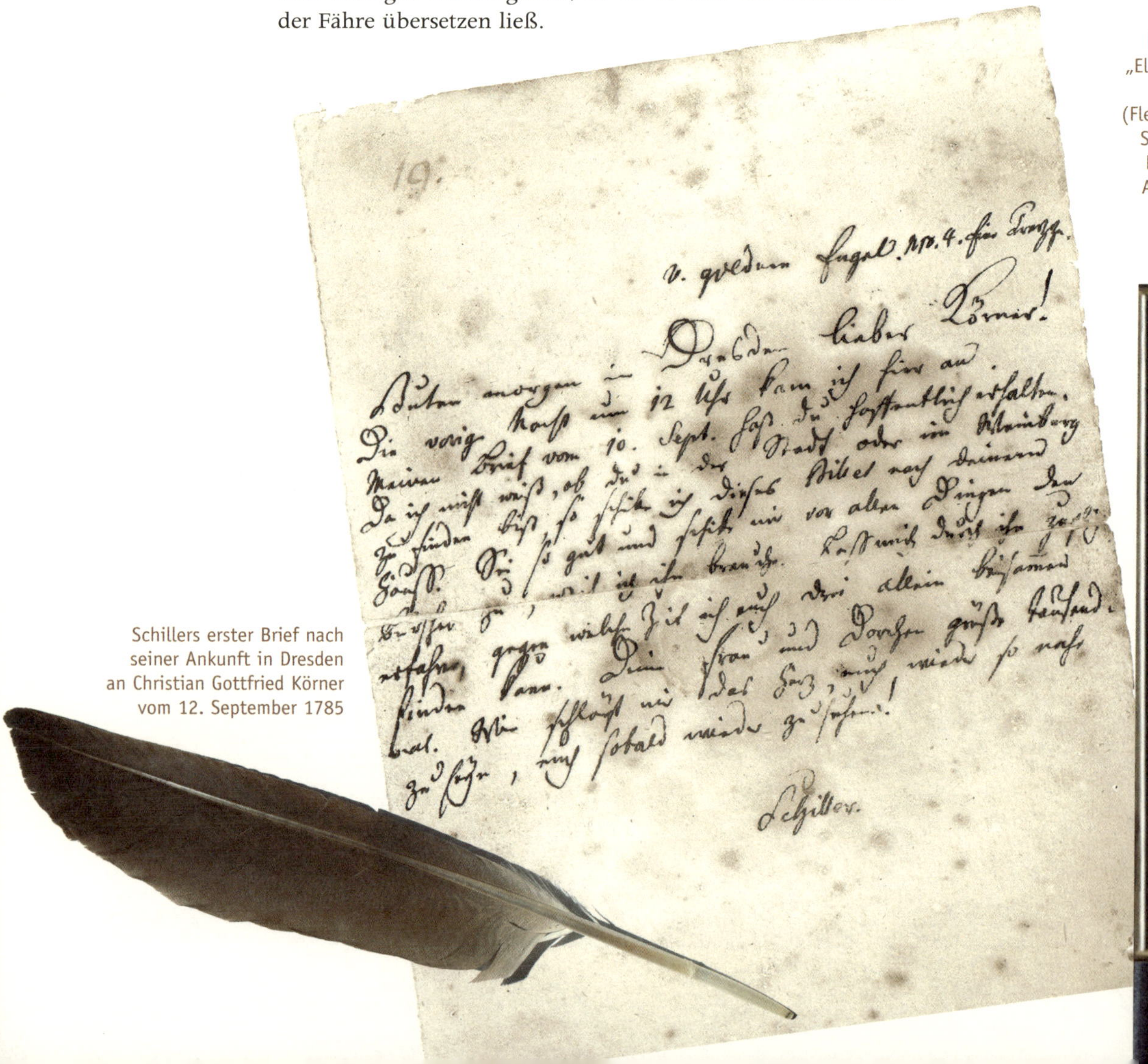

Schillers erster Brief nach seiner Ankunft in Dresden an Christian Gottfried Körner vom 12. September 1785

ngang zum Schillergarten, vor dem Umbau.
Nach einem Aquarell von Prof. A. Reinhardt.

Christian Gottfried Körner – Freund und Mäzen

Von 1785 an, also jenem Jahr, in dem Friedrich Schiller nach Dresden kam, bis 1815 war das Haus der Körners mit Besuchern und Geistesgrößen aus ganz Deutschland ein Ort der Toleranz und Freizügigkeit des Gespräches, wie es in Dresden keinen zweiten gab. Goethe, Mozart, die Gebrüder von Humboldt, Heinrich von Kleist, Herzogin Anna Amalia von Weimar, Elisa von der Recke und andere gehörten zu dem Kreis, die bei Körner das Dresdner Geistesleben, wenn auch etwas isoliert, gestalteten. Der offene Salon Körners, der mit seinem Gespür für Künste und Sprachen, aber auch seinen naturwissenschaftlichen Kenntnissen und seiner Bescheidenheit die Menschen anzog, entwickelte sich zu einem Zentrum der Gleichberechtigung und Geselligkeit.

Christian Gottfried Körner, am 2. Juli 1756 in Leipzig als Sohn eines Theologen geboren, hatte eine erstklassige Ausbildung erhalten und schlug zunächst als promovierter Dr. jur. eine Hochschullaufbahn ein. Mit einem jungen Grafen ging er wenig später auf Reisen nach Holland, Belgien, Frankreich, England und in die Schweiz, was ihn für künstlerische, wissenschaftliche aber auch ökonomische Verhältnisse sensibilisierte. Nach seiner Rückkehr folgt er 1783 dem Ruf nach Dresden, hier als Oberkonsistorialrat zu wirken. Zu dieser Zeit kannte er schon seine spätere Frau, Anna Maria Stock – genannt Minna. Sie war die Tochter des Kupferstechers Stock, bei dem Goethe das Handwerk des Kupferstechens erlernt hatte. 1785 heiratet er sie und gründet wenig später in Dresden mit ihr seinen Hausstand. Minnas Schwester Dora Stock, eine Malerin, lebt ebenfalls im Kreise dieser Familie. Die Körners bekommen drei Kinder: Eduard, der bereits einjährig verstirbt, Emma und Theodor. Theodor wird sehr vom offenen Haus der Eltern geprägt und entwickelt sich zum Dichter und Dramatiker, findet allerdings im Freiheitskampf gegen Napoleon 1813 einen frühen Tod. Seine ihm sehr nahe stehende Schwester Emma, Malerin, verkraftet den Tod des Bruders kaum und stirbt zwei Jahre später nach einem Besuch seines Grabes. Die Mutter, Minna Körner, leidet sehr unter dem Verlust ihrer drei Kinder. 1815 verlässt Körner mit ihr Dresden, um in preußischen Diensten in Berlin ihm näherliegende Aufgaben wahrzunehmen. In den Jahren 1812 bis 1815 gibt Körner als Erster eine Gesamtausgabe der Schillerschen Werke mit biografischen Notizen heraus und veröffentlicht auch den poetischen Nachlass seines Sohnes Theodor.

Friedrich Schiller

Minna Körner — Christian Gottfried Körner

Eine Einladung Christian Gottfried Körners

Von den ersten Tagen im Juli 1785 an, seit denen Christian Gottfried Körner Besitzer des Weinberggrundstückes in Loschwitz war, fand es in seinem Briefwechsel mit Friedrich Schiller und anderen immer wieder Erwähnung. Körner, als Pfarrerssohn 1756 in Leipzig geboren, nach vorzüglichem Gymnasialunterricht und Studien der Rechtswissenschaften in Leipzig und Göttingen 1779 zum Doktor gekürt, wurde 1783 als Oberkonsistorialrat nach Dresden berufen. Immer wieder weilte er aber auch in seiner Heimatstadt Leipzig bei seiner Verlobten Minna Stock und ihrer Schwester Dora sowie deren Verlobten Ludwig Ferdinand Huber, einem Schriftsteller, Übersetzer und Verleger. In diesem gebildeten, familiären Kreis las man die Schillerschen Werke von Anbeginn an, so die „Räuber", den „Fiesko" oder „Kabale und Liebe". Im Juni 1784 schreiben die vier unter dem Eindruck der dichterischen Werke einen bedeutsamen Brief an Friedrich Schiller nach Mannheim, der als Anstoß für dessen späteren Aufenthalt in Dresden gilt. Sie brachten darin ihre uneingeschränkte Verehrung für den Dichter und seine Werke zum Ausdruck, legten Silberstiftzeichnungen ihrer Porträts, gezeichnet von Dora Stock, und auch eine gestickte Brieftasche bei. Schiller ist überwältigt und schreibt in einem Brief am 7. Juni 1784: „Mir wurden aus Leipzig von 4 unbekannten Personen Paquete und Briefe geschickt, die voll Enthusiasmus für mich geschrieben waren und von Dichteranbetung überflossen. Sie wurden mit 4 kleinen Portraiten begleitet, worunter 2 sehr schöne Frauenzimmer sind, und einer Brieftasche, die mit dem besten Geschmack gestickt ist. Ein solches Geschenk von fremden Menschen, die dabei kein anderes Interesse haben, als mich wissen zu lassen, daß sie mir gut sind, und mir für einige frohe Stunden zu danken, war mir äußerst werth, und der lauteste Zusammenruf der Welt hätte mir kaum so angenehm geschmeichelt."

Obwohl Schiller offensichtlich von der Post aus Dresden gerührt war, ließ er sich einige Monate Zeit, bevor er antwortete und die Reise tatsächlich plante. Seine Lage hatte sich nicht verbessert und er sah wohl in dem Aufenthalt bei Körner zumindest für eine Weile einen guten Ausweg für sich. So kam es, dass Friedrich Schiller eine Zeit lang in Dresden lebte und die Körners bald Freunde für ihn wurden.

v.l. Auf Körners Weinberg in Loschwitz mit Weinberghäuschen, Gemälde von Karl Gottfried Traugott Faber, 1823
Wohnzimmer der Familie Körner in Dresden, Aufnahme von 1931; Körnerhaus mit Weinberg, 1885

Stroemfelds historische Ansichtskarten, 1905

Friedrich Schiller

Der Dichter der Freiheit
Marbach am Neckar. Ein kleines Fachwerkhaus. Hier wird Johann Christoph Friedrich Schiller am 10. November 1759 geboren. Sein Vater ist Major und Hofgärtner beim württembergischen Herzog Karl Eugen. Als dieser verfügt, alle seine Beamten mögen ihre Söhne in seine neue Militärschule schicken, ist es mit Schillers Kindheit vorbei. 1773, gerade 14-jährig, muss sich der Junge militärischem Drill und strenger Zucht beugen. Sieben Jahre lang wird er geprägt von ständiger Überwachung und Demütigung. Schiller absolviert ein Medizinstudium und bleibt nach dessen Abschluss als Regimentsarzt weiter unter der Herrschaft des Herzogs. Seine Ablehnung von Autorität und Disziplin wachsen indes unermüdlich.

Der heimliche Schreiber
Heimlich schreibt Schiller sich mit den „Räubern" Wut und Frust gegen die Fürstenwillkür von der Seele. 1782 wird das Stück am Mannheimer Theater uraufgeführt. Ein überwältigender Erfolg – dem der junge Schiller beiwohnt. Heimlich hatte er das Stück nicht nur geschrieben, heimlich war er auch zur Uraufführung nach Mannheim gereist. Doch dies blieb nicht folgenlos. Herzog Karl Eugen verordnete Schiller Arrest und erteilte Schreibverbot. Dagegen gab es für Schiller nur ein Mittel: die Flucht.

Heimatlose Zeit
Alle Sicherheit hinter sich lassend, desertiert Schiller noch 1782 zunächst nach Mannheim, dann nach Frankfurt am Main und schließlich ins thüringische Bauerbach. In Bauerbach kommt er bei Frau von Wolzogen unter, der Mutter eines ehemaligen Regimentskameraden. Doch als freier Schriftsteller verdient er fast nichts. So bewirbt er sich 1783 um die Stelle als Theaterdichter in Mannheim und kehrt dahin zurück. Es entstehen „Fiesko" und „Kabale und Liebe". Seine schon damals angeschlagene Gesundheit jedoch schwächt den Genius immer wieder. Er kann die Auflagen des Theaters nicht erfüllen und wird gekündigt.

Auf nach Sachsen
1785 lädt ihn Christian Gottfried Körner ein, frei von materiellen Zwängen in seinem Dresdner Haus zu weilen, „wenigstens für ein Jahr", wie Körner schrieb. Von 1785 bis 1787 bleibt Schiller dann auch bei den Körners in Dresden. Das Loschwitzer Körnerhaus und das auf demselben Weinberggrundstück befindliche Schillerhäuschen erinnern noch heute daran. Schiller findet Ruhe zum Arbeiten und schreibt in seiner Dresdner Zeit die „Ode an die Freude" und am „Don Carlos".

DER RUF DES GEISTES

1787 zieht Schiller nach Weimar. Da waren bereits Geistesgrößen wie Herder, Wieland und Goethe versammelt, und die kleine Stadt hatte sich zum Mittelpunkt des geistigen und literarischen Lebens in Deutschland entwickelt. Doch so recht integriert wurde Schiller noch nicht und so folgt er 1789 zunächst einem Ruf an die Universität Jena. Hier war ihm die Stelle eines Geschichtsprofessors angeboten worden. Schiller hält eine vielseits beachtete Antrittsvorlesung, der allerdings kaum weitere akademische Höhen folgten. Doch die Jenaer Zeit hatte dennoch ihr Gutes für Schiller: 1790 heiratet er hier Charlotte Lengefeld. Die beiden Lengefeld-Schwestern Karoline und Charlotte kannte er bereits seit längerem. Nun beginnt eine Zeit wahrhaft glücklichen Lebens und neuen Aufschwungs bei Schiller. Den größten Teil des „Wallensteins" schrieb Schiller in seinem kleinen Gartenhäuschen, das die Familie gemietet hatte. 1793 wird Schillers erster Sohn, Karl, geboren. 1799 verlässt die Familie Jena und geht wieder nach Weimar. 1802 erwirbt sie ein Wohnhaus in der Esplanade, für das sich Schiller hoch verschuldet. In der Weimarer Zeit entstehen „Maria Stuart", die „Jungfrau von Orleans" und „Wilhelm Tell", Schillers letztes vollendetes Werk. Sein Schaffen wird immer wieder von Krankheiten und Fieberphasen unterbrochen – er spürt wohl, dass er kein hohes Alter erreichen wird.

FRÜHER TOD

Indes entwickelt sich in Weimar eine enge Freundschaft zu Goethe. Immer wieder tauschen sich die beiden Schriftsteller über unvollendete Werke aus, philosophieren und schreiben Briefe; über eintausend sollen es gewesen sein. Goethe, weitgereist, bereichert mit seiner Weitsicht Schiller, der Deutschland nicht verließ und nie die Stätten seiner Hauptwerke sah. Goethe wiederum ist fasziniert von Schillers Denken und seinen Werken. 1802 wird Schiller für seine Verdienste um die deutsche Sprache der Adelstitel verliehen. 1805 unternimmt er seine letzte Reise: In Berlin sieht er eine Aufführung seines „Wallensteins" mit dem Schauspieler Iffland, der schon in Mannheim in der ersten umjubelten Aufführung der „Räuber" den Franz Mohr spielte. Schillers Zeit ist geprägt von leidenschaftlichem Schaffen – aber auch zunehmend von Krankheiten. Am 9. Mai 1805 stirbt Schiller nur 45-jährig in Weimar. Er wird auf dem Jakobsfriedhof beigesetzt und findet später in der Fürstengruft in Weimar seine letzte Ruhestätte. 1832 wird auch Goethe hier beigesetzt. Schillers Frau Charlotte überlebt ihn um 21 Jahre und stirbt 1826. Karl, sein ältester Sohn, war beim Tod des Vaters zwölf, Ernst neun, Karoline sechs und Emilie noch nicht ein Jahr alt. Ernst wurde Jurist und starb 1841 unverheiratet. Karl wurde Forstmeister, sein Sohn blieb ohne Nachkommen. Von den Töchtern hatte nur Emilie Kinder. Der letzte Nachkomme, der Urenkel Karl Alexander von Gleichen-Rußwurm, verstarb 1947. Von Schillers Nachkommen ist heute also niemand mehr am Leben.

Büste Friedrich Schillers von Theodor Wagner
nach der Statue seines Lehrers Johann Heinrich Dannecker

Das Aussehen des Dichters

Schiller wurde häufig und auch von bedeutenden Künstlern porträtiert. Es entstanden Zeichnungen, Büsten und Gemälde, die oft auch dem jeweiligen Zeitgeist und den individuellen Absichten des Porträtisten entsprachen. Als authentischste Wiedergabe seines Aussehens gelten die Silberstiftzeichnung Dora Stocks von 1787 und die Gewandbüste Johann Heinrich Danneckers aus dem Jahr 1794. Goethe ist von ihr bei einem Dannecker-Besuch so fasziniert, dass er im August 1797 an Schiller schreibt: „Was mich aber besonders frappirte, war der Originalausguß von Ihrer Büste, der eine solche Wahrheit und Ausführlichkeit hat, daß er wirklich Erstaunen erregt."

Ein ehemaliger Kommilitone Schillers beschreibt den Dichter fünf Jahre nach dessen Tode wie folgt: „Seine Stirne war breit, die Nase dünn, knorpelig, weiß von Farbe, in einem merklich scharfen Winkel hervorspringend, sehr gebogen, auf Papageienart und spitzig. Die Augenbrauen waren rot, umgebogen nahe über den tiefliegenden dunkelgrauen Augen [und] inklinierten sich bei der Nasenwurzel nahe zusammen. Diese Partie hatte sehr viel Ausdruck und etwas Pathetisches. Der Mund war ebenfalls voll Ausdruck, die Lippen waren dünn, die untere ragte von Natur hervor [...] und drückte sehr viel Energie aus. Das Kinn war stark, die Wangen blass, eher eingefallen als voll und ziemlich mit Sonnenflecken besät. Die Augenlider waren meistens inflammiert, das buschige Haupthaar war rot von der dunklen Art. Der ganze Kopf, der eher geistermäßig als männlich war, hatte viel Bedeutendes, Energisches, auch in der Ruhe."

SCHILLERS LEBEN BEI KÖRNER

Als Schiller am 11. September 1785 in Dresden eintraf, war er 25 Jahre alt und aus der württembergischen Armee desertiert, in der er als Regimentsmedicus tätig gewesen war. Immerhin hatte er zwei Dissertationen vorgelegt und seinen ersten literarischen Erfolg der heimlich geschriebenen „Räuber" am Mannheimer Theater genossen, aber auch die dort nicht erfolgte Vertragsverlängerung als Theaterdichter hinnehmen müssen. Er kam gewissermaßen als Heimatloser. Seit er das Elternhaus verließ und in die militärische Pflanzschule Karl Eugens in Stuttgart interniert wurde, hatte er kein eigenes Zuhause gehabt. Er lebte in Mannheim, später in Bauerbach bei Meiningen, dann in Gohlis bei Leipzig. Eigentlich ein Wunder, dass während dieser unruhigen Jahre Werke wie „Fiesko" oder „Kabale und Liebe" entstehen konnten. So ist es auch erklärlich, wie sehr Schiller die Aufnahme in Körners Familie genoss. Am 13. September 1785 schreibt er an Huber: „Was bisher meine heißesten Wünsche erzielten, hab' ich nun endlich erlangt. Ich bin hier im Schooße unserer Lieben aufgehoben wie im Himmel. ... Alles, alles war mir so süß, weil ich mich endlich zu Hause fühlte. ... O liebster Freund, das sollen göttliche Tage werden. Diese Nacht habe ich zum erstenmal unter einem Dache mit unsern Lieben geschlafen. Minna ist ein so liebes Hausweibchen. – Sie haben mich gestern Nacht in Prozession auf mein Zimmer gebracht, wo ich alles zu meiner Bequemlichkeit schon bereitet fand. Heute beim Erwachen hörte ich über mir auf dem Klaviere spielen. Du glaubst nicht, wie mich das belebte." Und weiter beschreibt er Huber in diesem Brief seine Ankunft im Weinberg der Körners in Loschwitz: „Abends gegen 5 Uhr fuhren wir nach dem Weinberge, unterwegs fand ich die himmlischste Gegend. Er liegt eine Stunde vor der Stadt, ist beträchtlich und hat Terrain genug, Körners Erfindungsgeist zu allerlei Ideen zu verführen. Am Fuße des Berges liegt das Wohnhaus, welches weit geräumiger ist als das Enderische zu Golis. Am Haus ist ein niedlicher kleiner Garten und oben auf der Höhe des Weinbergs steht noch ein artiges Gartenhäuschen. Die Aussicht von diesem und der Untergang der Sonne soll ganz zum Entzücken seyn. Alles hier herum wimmelt von Weinbergen, Landhäuschen und Gütern. Der gestrige Abend hier auf dem Weinberge war mir ein Vorschmack von allen folgenden."

Brief Friedrich Schillers an Ferdinand Huber vom 13. September 1785

Bild oben: Schillerhäuschen im Weinberg, alte Postkarte; Bild unten: Dora Stock, Friedrich Schiller, Christian Gottfried Körner und Minna Körner (v.l.) 1785 in Loschwitz, alte Postkarte nach einem Gemälde von Max Weese

Die Zeit bei Körner bringt Friedrich Schiller neben der offensichtlichen Lebensfreude im Kreise dieser warmherzigen und kulturvollen Gesellschaft vor allem auch die Ruhe zum Arbeiten. In den folgenden Herbstwochen des Jahres 1785 schreibt er am 2. Akt des „Don Carlos" und eines seiner bekannten Gedichte „An die Freude", das seine Emotionen der sorgenfreien und fröhlichen Tage dankbar in Worte fasst. „... eines Freundes Freund zu sein ...", wie es darin heißt, das lebt er mit Körner, der ihm immer wieder mit seinem tiefen philosophischen und historischen Wissen Geistespartner ist.

Dresden mit seinen Kunstschätzen und Museen nimmt Schiller offenbar wenig wahr, zumindest finden sich in den von ihm erhalten gebliebenen Briefen kaum Mitteilungen darüber. Zwar wird er 14 Tage nach seiner Ankunft in Dresden Leser in der Bibliothek, wie zwei handschriftliche Einträge zeigen, geht spazieren, führt auch Gäste wie die Familie seines Mannheimer Verlegers Christian Friedrich Schwan auf die Brühlsche Terrasse, doch beschreibt er weder die Frauenkirche oder den Zwinger noch den Altmarkt oder den Wiederaufbau der im Siebenjährigen Krieg zerstörten Kreuzkirche, an der er häufig vorbeigehen musste, um im Mai 1786 im Atelier von Hofmaler Anton Graff Porträt zu sitzen.

Bild links: Schillerhäuschen auf der Schillerstraße, alte Postkarte
Bild rechts: Inneneinrichtung des Schillerhäuschens mit zeitgenössischem Mobiliar, um 1900
Bild unten: Schiller mit Körners unter der Schillerlinde im Loschwitzer Weinberg

Anton Graff
über die Porträtsitzungen mit Schiller

Anton Graff, Selbstbildnis 1805/06

Friedrich Schiller, Zeichnung von Anton Graff

„Das Porträt Schillers hat mir die größte Not, zuletzt aber auch die größte Freude gemacht; das war ein unruhiger Geist, der hatte, wie wir sagen, kein Sitzfleisch. Nun liebe ich es zwar sehr, wenn die Personen mir gegenüber nicht wie Ölgötzen regungslos dasitzen oder wohl gar interessante Gesichter schneiden, aber Freund Schiller trieb mir die Unruhe doch zu weit; ich war genötigt, den schon auf die Leinwand gezeichneten Umriß mehrmals wieder auszuwischen, da er mir nicht stille hielt. Endlich gelang es mir, ihn in einer Stellung festzubannen, in welcher er, wie er versicherte, sein Lebtag nicht gesessen, die aber von den Körnerschen Damen für sehr angemessen und ausdrucksvoll erklärt wurde. Ich meine den Dichter des Don Carlos, aus welchem er mir während der Sitzungen vordeklamierte, in einem glücklichen Moment aufgefaßt zu haben."

Minna Körner erinnerte sich, dass Schiller etwa vier Sitzungen für das Porträt absolvieren musste.

Graff zeichnete das Porträt mit dem Zeichenstift als Vorstufe für ein Ölgemälde. Seine Zeichnung ist lebendiger und ausdrucksstärker als das später geschönt wirkende großformatige Ölporträt. Viele Jahre nach den Sitzungen war dieses noch immer nicht vollendet, das Schiller für 30 Taler gern selbst erworben hätte. Doch Graff gab verständlicherweise das unvollendete Bild nicht aus den Händen und befand außerdem, die von Schiller angebotenen 30 Taler wären „sehr wenig für ein Bild mit zwey Händen". 1794 erwarb es Körner, dessen Schwägerin Dora Stock ein Pastellbild davon anfertigte. Das Graffsche Porträt wurde häufig nachgemalt und kopiert, zuweilen tauchen auch seitenverkehrte Ausführungen auf, in denen Schiller den Kopf auf die rechte Hand stützt.

Zeichnungen Friedrich Schillers, 1786

Um so mehr scheint er sich bei Körners wohl zu fühlen, bei denen es durchaus auch lustig zugegangen sein muss. So verfassten Schiller und Huber zu Körners 30. Geburtstag am 2. Juli 1786 eine satirische Geschichte in 14 Bildern, zu der Schiller nicht etwa die Texte, sondern die Zeichnungen beisteuerte. Minna Körner verschenkte diese originelle Gabe übrigens nach dem Tod ihres Mannes an den Sammler Carl Künzel aus Heilbronn, der 1862 eine farbgetreue Reproduktion herstellen ließ. Die Originale befinden sich heute in der William A. Speck Collection of Goetheana in Yale (USA), wohin sie vermutlich aus einem privaten Nachlass gelangt sind.

Es ist außerdem anzunehmen, dass Körner, der als hoher Staatsbeamter Zugang zu geheimen Informationen, Berichten über die evangelische Geistlichkeit und die innenpolitischen Zustände hatte, mit Schiller über die aktuelle Lage im Kurfürstentum, die hohen Militärausgaben, die Notlage der Menschen aufgrund von Preistreibereien und vieles andere mehr gesprochen hat und Schiller über die sächsischen Verhältnisse im Bilde war.

Doch Schillers Aufenthalt bei Körner diente nicht nur der Arbeit, hin und wieder besuchte er während jener Zeit auch die Fleischersche Schenke, den heutigen Schillergarten, am anderen Elbufer. Nicht nur zur Beköstigung, sondern wohl ebenso zur Zerstreuung. In der „Chronik von Loschwitz" des Kantors Pohle ist zu lesen: „Zur Erholung fuhr Schiller öfters über die Elbe hinüber nach dem andern Schillerdorfe, nach Blasewitz, wo er im Schenkgute gern mit der Wirtstocher Justine Segedin scherzte …"

Gemälde der „Gustel von Blasewitz", ehemals im Restaurant „Potz Blitz" in Blasewitz

DIE GUSTEL-LEGENDE

„Was! Der Blitz! Das ist ja die Gustel aus Blasewitz!" – Mit diesem bekannten Spruch bleibt uns jene junge Frau im Gedächtnis, die als Wirtstochter – genauer als „Wirtinnen-Tochter" – zu Schillers Zeiten in der „Fleischerschen Schenke", dem heutigen Schillergarten, bediente. Später machte der Volksmund aus diesem Spruch das „Potz Blitz! Die Gustel aus Blasewitz". Auch wenn die Legenden vieles zur Person der „Gustel" hinzu dichteten und ihr Name häufig verunstaltet wurde – so kursierten bald Auguste oder Johanna als Vornamen – es gab sie wirklich. Sie hieß Johanne Justine Segedin, so steht es auf ihrer Grabplatte, die noch heute auf dem Dresdner Eliasfriedhof besichtigt werden kann, und sie wurde am 5. Januar 1763 in Dresden geboren. So mancher Legendenschreiber wollte von Blasewitz als Geburtsort wissen, doch Johanne Justine ist geboren in Dresden, wo ihr Vater Johann Christoph Segedin von 1756 an bis zu seinem Tode 1763 eine „Thorwärterstelle am Strehlener Thore" im Großen Garten inne hatte. Er war anfangs kurfürstlicher Leib-Jagdkutscher, erlitt 1754 einen Reitunfall, von dem er sich nie wieder richtig erholte und weswegen er fortan für schwere Arbeiten nicht mehr taugte. Johanne Justine war elf Monate, als ihr Vater starb, die Mutter mit ihr und zwei weiteren Kindern zurücklassend.

Johanne Justines Mutter, die Witwe Johanna Dorothea Segedin, erwarb ein halbes Jahr nach dem Tod ihres Mannes am 15. Juni 1764 das zur Zwangsversteigerung angebotene Blasewitzer Schenkhaus, mit dessen Besitz sie 14 Tage später gerichtlich belehnt wurde.

Die „Gustel von Blasewitz" und Friedrich Schiller, Zeichnung von Erwin Oehme, 1905

Wenig später zog sie mit ihren drei Kindern dort ein – doch als „alleinerziehende" Mutter mit Schenkhaus konnte es nicht lange gut gehen. Noch vor Ablauf des Trauerjahres heiratete sie daher am 25. September 1764 in der Loschwitzer Kirche den im Kirchbuch mit „herzoglich kurländischen Lakai" bezeichneten Carl Friedrich Fleischer, mit dem sie noch vier weitere Kinder bekam. Er wurde Johanne Justines Stiefvater, das Gasthaus an der Elbe fortan die „Fleischersche Schenke" genannt.

Vom Leben der Johanne Justine Segedin ist nur wenig bekannt. Der „Geheime Bergrath" Dr. Carl Naumann, Sohn des Blasewitzer Komponisten Johann Gottlieb Naumann, gibt in einem als sehr glaubwürdig eingestuften Zeitungsartikel zu Protokoll: „Ihre Kindheit und Jugend verlebte sie in Blasewitz, im Hause ihrer Mutter, welche eine sehr fromme und rechtschaffene Frau gewesen zu sein und dieselben Eigenschaften auf ihre Kinder übertragen zu haben scheint, weshalb auch Justine eben so sittsam und tugendhaft als schön war. Sie half ihrer Mutter und ihrem Stiefvater in der Führung der Wirthschaft, ohne ihre anderweite Ausbildung zu vernachlässigen. Ihre schöne Stimme und ihre anmuthige äußere Erscheinung brachten einmal Schiller und Andere auf den Gedanken, sie für das Theater auszubilden, welchen sie jedoch ganz entschieden von sich wies."

Schiller, Gast in der Fleischerschen Schenke, muss Johanne Justine demnach wohl bemerkt haben, wenngleich er sie in keinem seiner Briefe direkt erwähnt. Wie der beiden Verhältnis nun tatsächlich war, spinnen die Legenden auf verschiedene Weise. Die eine erzählt, dass Johanne Justine Schillers Persönlichkeit „überhaupt wenig zusagend" fand, die andere besagt, sie stand „mit ihm auf heitersten Neckfuss". Fest steht, dass die junge Gastwirtstochter Eindruck auf Schiller gemacht haben muss, sonst hätte er sich nicht zehn Jahre später an sie erinnert und in Wallensteins Lager mit dem bekannten Spruch verewigt. Körner, dem Schiller sein Wallenstein-Manuskript geschickt hatte, antwortet ihm dazu in einem Brief vom 25. Juni 1797: „Die eingewebten komischen Züge – die mich wieder in meinem Glauben an Dein Talent zum Lustspiele bestärken – geben dem Gemählde noch mehr Wahrheit. Die Gustel von Blasewitz hat uns allen viel Spaß gemacht."

Am 30. Januar 1787, also noch während Schillers Anwesenheit in Dresden, heiratete Johanne Justine in der Kirche zu Leuben den Advokaten Christian Friedrich Renner, den Sohn des kurfürstlichen Festungs-Maurermeisters in Dresden. Elf Jahre später wurde er Senator, Johanne Justine somit Frau Senatorin. Dass sie sich in ihrer Jugendzeit als Dienstmädchen im Haushalt der Körners verdingte, wie im Nachlass des Dichters Friedrich Förster zu lesen ist, erscheint daher wenig wahrscheinlich.

Aus der Ehe der Renners gingen zwei Söhne hervor, die jedoch beide früh verstarben. Nach 34 Ehejahren verlor Johanne Justine am 21. April 1821 ihren Gatten. Still und zurückgezogen lebte sie als eine würdige und geachtete Person in Dresden und wurde 93 Jahre alt.

Die Legendenerzähler sind geteilter Meinung, ob Johanne Justine die Verewigung im Wallenstein bis zu ihrem Lebensende nicht verschmerzen konnte oder die Freude lange genossen habe als eine Erinnerung an den großen Dichter, dem sie ihre Berühmtheit verdankt.

Trotzdem sie lange Jahre in Dresden lebte, hat sie ihre besondere Beziehung zu Blasewitz nie verloren und den Ort ihrer Jugend sogar in ihrem Testament erwähnt. Laut ihrem letzten Willen überreichte eine ihrer Verwandten im Jahr 1857 dem Gerichtsamte zu Dresden 100 Taler aus ihrer Hinterlassenschaft, von deren Zinsen „alljährlich ein armes Blasewitzer Kind für Fleiß und Wohlverhalten bedacht" werden sollte. Dies sei einige Zeit geschehen, gleichwohl haben die Beschenkten dann immer auch Schillers Werke erhalten.

Die Geschichte der Gustel hat – vielleicht auf Grund der wenigen tatsächlichen „Beweise" – immer wieder zu literarischen Verarbeitungen und Theaterstücken angeregt. 1863 wurde im Königlichen Hoftheater wie auch später 1885 bei einer Schillerfeier im Schillergarten das Volksstück „Die Gustel aus Blasewitz" aufgeführt. Ein zweites Volksstück stammt von Anda von Smelding und erlebte seine Uraufführung im Dresdner Alberttheater. In den Zeitungen von damals und im Theaterprogramm liest man von Anda von Smelding fast noch einen Augenzeugenbericht: „Meine Großmutter war als junges Mädchen noch bei Frau Senator Renner, der Gustel aus Blasewitz, einer lieben alten Dame in schlohweißem Haar, zu Besuch. Sie durfte auch die Schiller-Reliquien bewundern: getrocknete Feldblumen und die Ecke eines Briefblattes mit der charakteristischen Unterschrift `Dein Frid. S.´."

Der Blasewitzer Architekt Karl Emil Scherz, der die Historie um die Gustel untersucht hatte, geht davon aus, dass es wohl doch keine Fabel sei, die hier überliefert wird. Er schlussfolgert aus dem fehlenden `e´ bei `Frid.´, dass es sich um die tatsächliche Schillersche Unterschrift aus jener Zeit gehandelt haben dürfte. Seine Tochter Christine Scherz erläutert in einem Brief im Juni 1957: „Mein Vater meinte wohl aus dem `Dein Frid. S.´ ein besonderes Nahestehen Schillers zur Gustel zu erkennen, da in jenen Jahren das `Euer Frid S.´ die allgemein übliche Art gewesen wäre."

Zu allen Zeiten und bei allen Völkern gibt es Legenden. Glauben auch wir daran, dass die Gustel und Schiller eine besondere Verbindung zueinander hatten, denn der Sinn von Legenden ist, sie weiterzugeben, sie als Schatz zu bewahren und damit auch unseren nachfolgenden Generationen noch Stoff zum Fabulieren zu geben.

Erinnerungen an die Gustel bieten in Dresden seit 1921 die Justinenstraße und die Plastik von Martin Engelke am Blasewitzer Rathaus. Ein Mann, für den ein alter bekannter Blasewitzer Modell stand, scheint die schwere Platte zu tragen, auf der die Gustel-Plastik aufgestellt ist. Bleibt noch zu erwähnen, dass auf der Loschwitzer Straße bis nach 1945 ein Lokal den Namen „Potz Blitz" trug.

Bild linke Seite: Das Grab der Johanne Justine Segedin, genannt „Gustel von Blasewitz", auf dem Eliasfriedhof in Dresden

Bild unten links: Grabinschrift auf dem Grab von Johanne Justine Segedin
Bild unten rechts: „Gustel von Blasewitz", Plastik von Martin Engelke am Blasewitzer Rathaus, 1905

WEIMAR RUFT

Inwieweit Schiller am offenen Haus der Körners partizipierte, in dessen so genanntem „Körnerkreis" Geistesgrößen aus Literatur, Kunst und Wissenschaft verkehrten, ist nicht genau bekannt. Zu Naumann, dem in Blasewitz lebenden Komponisten, bestanden offenbar nur wenige Beziehungen, auch scheint Schiller von dessen Kompositionen nicht immer angetan gewesen zu sein. Einige Jahre nach seinem Dresden-Aufenthalt, 1797, schreibt er an Körner über die Vertonung seines Gedichtes durch Naumann: „Die Ideale von Naumann machen mir keine besondere Freude; ihre Existenz meine ich, denn gehört habe ich sie noch nicht. Das Exemplar schickt Er mir doch nicht? Ich wüßte ihm nichts zu antworten und müßte es doch, Höflichkeits halber." Ob sich Schiller und Naumann tatsächlich begegnet sind, kann angenommen werden, in seinen Briefen erwähnt Schiller Naumann allerdings fast nie. Jedoch schreibt er im Mai 1786 an seinen Bekannten Huber, er habe zwei Arien und ein Terzett zu einer Operette gemacht und der Text sei schon in den Händen des „Musicus" – hierbei kann angenommen werden, dass Naumann gemeint sei. Wie auch Körner, vertonte Naumann Schillers „Ode an die Freude", Schiller schreibt am 5. Januar 1787 an Körner: „Die Wagner hat mir Naumanns Musik zu ‚der Freude' gespielt, wo die vorletzten Verse der Strophe mir sehr gefielen:

> Bettler werden Fürstenbrüder
> Durch den Riß gesprengter Särge
> Laßt den Schaum zum Himmel spritzen

Der Weimarer Musenhof: Schiller liest in Tiefurt; Gemälde von Theobald von Oer, 1860

Christoph Martin Wieland, Friedrich Schiller, Großherzog Carl August, Johann Gottfried Herder und Johann Wolfgang von Goethe in Goethes Hausgarten (v.l.), alte Postkarte

Überhaupt, glaub' ich, hast Du oder wer mir die Composition tadelte, ihm zu viel gethan. Dein Chor gefällt mir ungleich besser als seiner – aber im ganzen Lied ist ein herzliches strömendes Freudengefühl und eine volle Harmonie nicht zu verkennen. Sonst dünkt es mich ein wenig zu leicht und zu hüpfend." Tatsächlich hat die Naumann'sche Vertonung der „Ode" keinen solch hymnischen Charakter wie später die von Beethoven, die mit seiner 9. Sinfonie bekannt wurde. Naumanns Ode ist eher sanften, heiteren Charakters, was Schiller nicht angemessen schien.

Dass Friedrich Schiller bei Körner auf den mehrfach in Dresden und auch bei Körner weilenden Goethe traf, gilt heute als nicht wahrscheinlich. Zwar schildert Gustav Parthey in seinen „Jugenderinnerungen", die beiden hätten zuweilen laut lachend und Füße stampfend im Obergeschoss des Körnerschen Hauses „Xenien", gedichtet, aber dies ist nach neueren Erkenntnissen eine Fabel, genauso wie die Erinnerung Minna Körners, die einen Grund für Schillers frühzeitigen Tod in dessen Gewohnheit sah, nach Tisch auf dem Sofa einzuschlafen, ohne die Kniegürtel aufzulösen, wodurch „sein Blut ins Stocken geraten sei".

Am 13. März 1786 erlebt Schillers „Verschwörung des Fiesko zu Genua" am „Churfürstlichen Theater" in Dresden seine erste Aufführung, „ein republikanisches Trauerspiel in fünf Akten, von Herrn Rath Schiller, für unser Theater aufs neue umgearbeitet", so der Theaterzettel. Ob Schiller und seine Freunde der Premiere beiwohnten, ist nicht bekannt. Erst nach Schillers Weggang aus Dresden wird „Kabale und Liebe" aufgeführt, später folgt der „Don Carlos", jedoch halten sich die Stücke nicht auf dem Spielplan und werden sehr skeptisch beurteilt. Der große Erfolg der „Jungfrau von Orleans" 1801 in Leipzig animiert auch Dresden, dieses Stück auf die Bühne zu bringen – aus Respekt vor dem Kurfürsten soll das Stück allerdings „Das Mädchen von Orleans" heißen – gefolgt von weiteren Inszenierungen wie „Wallenstein", „Maria Stuart" und „Wilhelm Tell".

Schillers Tage bei Körners waren ungeachtet aller Freundschaft auch Anlass für melancholische Stimmungen seinerseits. Er fühlte sich dem hochgebildeten Körner zuweilen unterlegen, schreibt an Huber: „Mein Herz ist zusammengezogen und die Lichter meiner Phantasie sind ausgelöscht." Der Herbst 1786 bringt Trostlosigkeit, Körner reist nach Leipzig und lässt die Freunde in Dresden zurück. Schiller arbeitet lustlos am „Don Carlos", beendet die letzten Szenen am 29. Dezember 1786. Erst das Frühjahr 1787 erheitert ihn, als er sich auf einem Maskenball in die 19-jährige Henriette von Arnim verliebt. Vielleicht war die Heirat Johanne Justines, der „Gustel", im Januar dieses Jahres auch Anlass, sich seinerseits in eine neue Liebe zu stürzen? Wir wissen es nicht. Seine närrische Verliebtheit ließ ihn tatenlos werden, er rührte die Feder nicht mehr an und überlegte gar, sich von seinen Freunden zu trennen, die – insbesondere Minna Körner – von seiner Liaison alles andere als begeistert waren. Doch dann besann er sich, löste die Verbindung, fing wieder mit schreiben an, beendet den „Don Carlos". Langsam neigte sich seine Zeit bei Körners dem Ende entgegen.

Am 20. Juli 1787 verlässt Schiller Dresden gen Weimar. Ein Jahr nach seiner Abreise fällt er ein recht ernüchterndes Urteil über die Menschen hier: „Die Chursachsen sind nicht die liebenswürdigsten von unseren Landsleuten, aber die Dresdner sind vollends ein seichtes, zusammengeschrumpftes Volk, bei dem einem nie wohl wird. Sie schleppen sich in eigennützigen Verhältnißen herum, und der freie edle Mensch geht unter dem hungrigen Staatsbürger ganz verloren, wenn er anders je da gewesen ist. Zuweilen begegnet man einem verstümmelten Abdruck, oder vielmehr einer Ruine, die ehemals Geist oder Herz beseelte. Aber die fatalen Verhältnisse haben beides zertreten und verheert ..." Wohl um dem Nachruhm Schillers in der Elbestadt nicht allzu sehr zu schaden, war jene Textpassage in der ersten Schiller-Biografie von Caroline von Wolzogen nicht enthalten. Bei der Bewertung dieses Zitates darf nicht vergessen werden, dass sich in den Gesichtern der Menschen mit diesem „verstümmelten Abdruck" die Lasten und Krisen der letzten Vergangenheit spiegelten. Der Siebenjährige Krieg lag gerade erst eine Generation zurück, die Hungersnot von 1770/71 hatte 60.000 Opfer gefordert und die Hinterbliebenen aufs Schlimmste geprüft, der eisige Winter 1784 mit verheerenden Wasserfluten der Elbe schien noch spürbar, als Schiller 1785 kam. Der sächsische Hof, zu Zeiten Augusts des Starken immer in der öffentlichen Wahrnehmung, war mittlerweile ein geschlossener Dunstkreis, es gab keine Hofdichter, noch schätzte oder förderte man Literatur und Poesie. Schiller wurde nie bei Hofe empfangen, übrigens auch Goethe nicht, nur Herder hatte später, 1803, eine kurze Audienz bei Kurfürst Friedrich August III. Kein Wunder, dass das geistige Klima nicht geeignet war, einen Genius wie Schiller zu halten, obwohl er in Körners Kreisen Intellekt und Anregung fand. Schiller war übrigens nicht der Einzige, der die Dresdner so verriss. Franz Grillparzer schrieb 1826: „Noch kein schönes, kaum ein paar hübsche Mädchen gesehen. Ich glaube, die Dresdnerinnen kommen mit 30 Jahren zur Welt, bis jetzt sah ich beinahe noch keine junge. Verhältnismäßig viel Mißgestaltete und Zwerge."

Friedrich Schillers freundschaftliche Beziehung zu Körner hält bis an sein Lebensende und wird geprägt von einem intensiven Briefwechsel. Die Historische Kommission der Bayerischen Akademie der Wissenschaften misst in ihrer Allgemeinen Deutschen Biographie von Schiller diesem Briefwechsel höchste biografische Bedeutung bei: „Schiller's und Körner's Briefwechsel ist, alles zusammengenommen, die werthvollste unter den zahlreichen Correspondenzen des Dichters, die wir haben; er umfaßt die Lebensäußerungen des Menschen und des Schriftstellers zugleich und gibt durch die Vertrautheit dieses Verhältnisses Einblick in ganz intime Vorgänge, während er zugleich, bis zum Tode Schiller's über 20 Jahre sich erstreckend, die höchste biographische Bedeutung im Großen hat."

Schiller wird Dresden noch zwei Mal besuchen: 1792, nun schon Geschichtsprofessor in Jena, bleibt er mit seiner Frau Charlotte vom 10. April bis etwa 11. Mai, ein letztes Mal kommt er am 9. August 1801 und bleibt bis 15. September.

Am 9. Mai 1805 stirbt Schiller in Weimar nur 45-jährig – und einige Jahre nach seinem Tod beginnt auch in Dresden die große Schillerverehrung, in deren Rahmen das Schenkhaus in Blasewitz den Namen „Schillergarten" erhalten wird.

Theaterprogramm des „Churfürstlichen Theaters" Dresden
„Die Verschwörung des Fiesko zu Genua", 1786

Heute Montags den 13. März 1786.
wird auf dem Churfürstl. Theater
von den
Churfürstl. Sächßl. privilegirten
Deutschen Schauspielern
zum Erstenmale
aufgeführet:
Die Verschwörung des Fiesko zu Genua.
Ein republikanisches Trauerspiel in fünf Akten, vom Hrn. Rath Schiller, für unser Theater aufs neue umgearbeitet.

Personen:

Andres Doria, Doge in Genua.		Herr Hempel.
Gianettino Doria, sein Neffe, Prätendent der Regierung,		Herr Schouwärt.
Fiesko, Graf von Lavagna,	⎱	Herr Reinecke.
Verrina,	⎰	Herr Brückl.
Bourgognino,	⎱ Verschworne gegen	Herr Schirmer.
Kalkagno,	⎰ die Regierung,	Herr Henke.
Sacco,		Herr Wagner.
Graf Lomellino, Gianettinos Vertrauter,		Herr Drewig.
Muley Hassan, ein Mohr,		Herr Thering.
Gräfin Julia Imperiali, Gianettinos Schwester,		Mad. Günther.
Gräfin Leonora, Fiesko's Gemahlin,		Mad. Albrecht.
Bertha, Verrina's Tochter,		Mad. Koch.
Arabella,	⎱ Leonorens Kammerfrauen,	Mad. Seconda.
Rosa,	⎰	Mad. Vetter.
Laura, Kammerjungfer der Bertha,		Dem. Wittekind.
Ein Edelmann,		Herr Günther.
Ein Deutscher von der Leibwache des Herzogs,		Herr Zucker.
Romano, ein Mahler,		Herr Ulrich.
Masken.		
Bürger.		
Edelleute.		
Soldaten.		
Die deutsche Leibwache des Herzogs.		
Bediente.		

Die Preiße sind wie gewöhnlich.

NB. Bei der heutigen Vorstellung kann auf die Logenbillets kein Eingang im Cercle verstattet werden.

Wer eine Loge alleine auf diesen Abend miethen will, bezahlet so viel Billets, als Personen auf selbige gerechnet werden.

Die Livree ist während den Schauspiels nicht frey.

Die Billets werden am Tage der Vorstellung in dem Theater von früh 9 bis 12 Uhr und Nachmittags von 2 bis 5 Uhr, wo das Schauspielhauß eröfnet wird, ausgegeben, sind aber nur denselben Tag gültig.

Der Anfang ist um 6 Uhr, und das Ende halb 9 Uhr.

Über das Haus und den Garten

Die Anfänge ab 1704

Die älteste erhaltene Abbildung zeigt den Schillergarten im Jahre 1790, also etwa zu jener Zeit, in der Friedrich Schiller Dresden gen Weimar verlassen hatte. Wie das Anwesen zur Zeit Matthäis um 1704 ausgesehen haben mag, können wir uns nur vorstellen. Die Zeichnung von 1790 jedenfalls zeigt ein parallel zur Elbe stehendes Gebäude in romantischer Umgebung, eingebettet von Bäumen und nahe einer Fährstelle am Fluss, die einhundert Jahre später dem Bau des „Blauen Wunders" weichen wird. Das Fachwerk des Hauses spiegelt sich im klaren Wasser der Elbe, eine Fähre legt gerade am Loschwitzer Ufer ab und scheint gen Schankhaus überzusetzen. Dessen Aussehen hat noch wenig mit dem gemein, was wir heute so schön am Schillergarten finden. Erst viele Jahre, Besitzer und Wirte später, etwa 1895/96, erhält er das große, parallel zum „Blauen Wunder" stehende Vordergebäude, das mit seinen Giebelchen und Türmchen das Bild an der Elbe so charakteristisch und unverwechselbar prägt. Es wurde nach Plänen des Blasewitzer Architekten Karl Emil Scherz gebaut, die der legendäre Schillergarten-Wirt Friedrich Louis Köhler 1892 in Auftrag gegeben hatte. Der Umbau vollzog sich allerdings eben erst 1895/96 mit einem der nächsten Wirte, Naumann, denn 1894 verkaufte Köhler den Schillergarten.

Das wegen seinem vorgezogenen Dach und dem Holzbalkon als „Schweizer Haus" bekannt gewordene Gebäude, in dem heute Küche und Haustechnik untergebracht sind, soll bereits Robert Miersch, zwischen 1862 und 1866 Wirt, errichtet haben.

Die erste erhaltene Abbildung vom Schillergarten, Kupferstich von Gottlob Michael Wentzel

Der Schillergarten 1790.

Schillergarten. Blasewitz, 1865.

Ortsgeschichtliche Sammlung
Blasewitz u. Umgegend
K.E.S.

Ein prägender Bauherr am Schillergarten war Louis Köhler, der 20 Jahre lang als ein legendärer Wirt in die Geschichte des Hauses einging. Er ließ um 1875 auf die Sandsteinmauer des Gartens ein Belvedere mit Rundbogenfenstern und festlicher Innenausstattung bauen. Das Belvedere steht heute nicht mehr, ein frischer Wind weht jetzt meist an dem beliebten Platz unter der alten Kastanie. 1884 verbesserte Köhler die Biergartenbeleuchtung, worüber die „Sächsische Dorfzeitung und Elbgaupresse" schreibt: „Unser reizend gelegener, weltberühmter Schillergarten wird demnächst eine wesentlich veränderte Physiognomie erhalten. Der immer auf Verschönerung seines Etablissements bedachte Wirt, Herr Köhler, beabsichtigt nämlich, in dem Garten noch 20 Stück dreiarmige Candelaber aufzustellen, durch welche dann zu nächtlicher Stunde ein strahlender Lichteffekt erzielt werden wird. Die Ausführung der Arbeit ist der Firma ‚Gebr. Barnewitz' in Dresden übertragen. Die Herstellungskosten für diese Einrichtung werden sich circa auf 5.000 Mark belaufen."

Überhaupt entwickelte sich Blasewitz in dieser Zeit zu einem reizvollen Ort. Ein schönes Lebensbild zeichnet ein Zeitungsartikel im Dresdner Tageblatt: „Wenn Blasewitz immer mehr und mehr den Charakter eines fashionablen Badeortes annimmt, so mag wohl der Grund wesentlich mit in dem Verkehre der vielen daselbst stabil wohnenden, als auch vorübergehend aufhältlichen Fremden und beziehentlich in dem freundlichen und gefälligen Entgegenkommen der Einheimischen selbst zu suchen sein. Es hat sich dadurch, man möchte sagen internationaler Ton und ein angenehmer gesellschaftlicher Verkehr herangebildet, welchen man sonst nur in Bädern usw. zu finden gewöhnt ist. … Nicht unerwähnt mögen hierbei die öffentlichen Etablissements bleiben, welche bei zeitgemäßer, gediegener Einrichtung alles in das Gebiet der Gastronomie Einschlagende zu bieten vermögen. Insbesondere sind hervorzuheben: Parkhotel, Goethegarten und Schillergarten; in Letzterem z.B. kann man Stundenlang im Betrachten der herrlichen Landschaft und dem Leben und Treiben auf der Elbe angenehm verweilen."

Der Biergartenbeleuchtung widmete sich auch Wirt Naumann 1898. Er schaffte die „nicht mehr zeitgemäße" Petroleumbeleuchtung ab und plante Acetylen- oder Auergas-Licht einzusetzen. Im Juli 1909 erfuhr der vom Zahn der Zeit angenagte Schillergarten sowohl innen als auch außen eine Renovierung, doch über die äußere war die Bevölkerung nicht recht zufrieden: Der neue Ölanstrich war nur zur Schillerplatzseite hin angebracht worden, nach der Gartenseite hielt man es abgewandelt mit Schiller: „Da hinten aber ist's fürchterlich, der Mensch versuche die Götter nicht". Im Oktober 1912 preist die Zeitung den anheimelnden Aufenthalt im altdeutschen Zimmer, dem roten Zimmer, dem blauen Zimmer und im japanischen Zimmer des Schillergartens an. Im selben Jahr fiel die alte und schon im Inneren zentnerweise mit Zement ausgefüllte Schillerlinde einem Gewittersturm zum Opfer. Der aus zwei großen, starken Ästen gebildete Wipfel stürzte mit lautem Krachen zu Boden, beschädigte einen der Gaskandelaber und es blieb nur noch der Rumpf des Baumes stehen.

Bild linke Seite oben: Der Schillergarten mit Belvedere und einer Dampffähre, 1890
Bild linke Seite unten: Im Biergarten des Schillergartens mit Blick zum Belvedere, vor 1945

Karl Emil Scherz, Fotografie von James Aurig

DER BLASEWITZER BAUMEISTER, ARCHITEKT UND ORTSCHRONIST KARL EMIL SCHERZ

Wohl kaum ein Architekt hat den Dresdner Stadtteil Blasewitz so geprägt wie Karl Emil Scherz. Während seiner Hauptschaffensperiode im Zeitraum von 1886 bis etwa 1921 schuf er vornehmlich Wohnhäuser und Villen und gilt auch als Architekt von Sakralbauten. Zu den charakteristischen Wohnhäusern von Karl Emil Scherz zählt das Gebäudeensemble am Schillerplatz links der Brückenauffahrt. Vormals bebaut mit Bauerngütern und Höfen, entwickelte Scherz – trotz verschiedener Auftraggeber – ein abgestimmtes Architekturensemble des gesamten Platzes, in das auch der Schillergarten auf der gegenüberliegenden Seite einbezogen war, den er um 1900 erweiterte. Mit vielfältigen, unterschiedlichen Stilepochen entlehnten Fassadengliederungen schuf er einen abwechslungsreichen Anblick in den nunmehr geschlossenen Häuserzeilen, die seit Inkrafttreten des Blasewitzer Bauregulatives von 1863 und seiner Erweiterung 1880 möglich waren. Als wichtigste seiner Villenbauten zählen die Villa Rothermundt in der Mendelssohnallee, die Villa Schmitz, heute Goetheallee, und die Villa Ostermeier am Barteldesplatz. Viele seiner Villen zeichnen sich durch ähnlichen Aufbau aus, so durch Empfangshalle, Prachttreppe, Salons, Terrassen und Veranden. Er war nicht nur für die Architektur der Häuser verantwortlich, sondern auch für den Innenausbau und schuf durch enge Zusammenarbeit mit Handwerkern passende Ornamentik, Wand- und Deckenverkleidungen sowie Einrichtungsgegenstände.

Im Jahre 1860 in Loschwitz geboren, verbrachte er von seinem 2. Lebensjahr bis zu seinem Tode 1945 sein Leben in Blasewitz. Nach Berufswahl, Wanderjahren und Studium an der Königlichen Akademie der Bildenden Künste unter Lipsius und Hermann sowie einem weiteren Studium für mittelalterliche Baukunst und landschaftliches Zeichnen eröffnete er 1889 sein eigenes Büro für Architektur und Bauausführung in Blasewitz. Neben den Wohnbauten nahmen die Sakralbauten breiten Raum in seinem Wirken ein. Außer den zwei Kirchen in Blasewitz und Leuben ist auch der Neubau der im Zweiten Weltkrieg zerstörten Ehrlichschen Gestiftskapelle in Dresden sein Werk, des Weiteren führte er verschiedene Kirchenumbauten durch, so den der Kreuzkirche und der Loschwitzer Kirche. Die von 1891 bis 1893 erbaute Heilig-Geist-Kirche in Blasewitz gilt als das erste Bauwerk von Scherz, dem eine größere Bedeutung zukommt. Weitere Arbeiten von ihm sind der Erweiterungsbau des Blasewitzer Rathauses, das Blasewitzer Realgymnasium sowie drei weitere Schulen. Seine Bauten zeugen von handwerklicher Solidität und architektonischer Qualität und bestimmten Karl Emil Scherz als einen Vertreter der historisierenden Architektur des 19. Jahrhunderts.

Große Verdienste erwarb er sich um die Bewahrung der Blasewitzer Geschichte. Er legte die „Ortsgeschichtliche Sammlung Blasewitz und Umgegend" an und sammelte darin Schriftstücke, Pläne, Fotos und Dokumente. Diese Sammlung befindet sich heute im Landesamt für Denkmalpflege. Ebenso regte Karl Emil Scherz den Autor Otto Gruner an, eine Ortschronik von Blasewitz herauszugeben. Im Jahr 1905 erschien diese tatsächlich unter dem Titel „Blasewitz. Vergangenheit, Entwicklung und jetzige Einrichtungen einer Dorfgemeinde" und ist bis heute eines der Standardwerke über die Geschichte von Blasewitz.

Zeichnung von Karl Emil Scherz zur Bebauung des Schillerplatzes, 1891 vom heutigen Angelsteg (links) bis zum Schillerplatz 7 (ganz rechts)

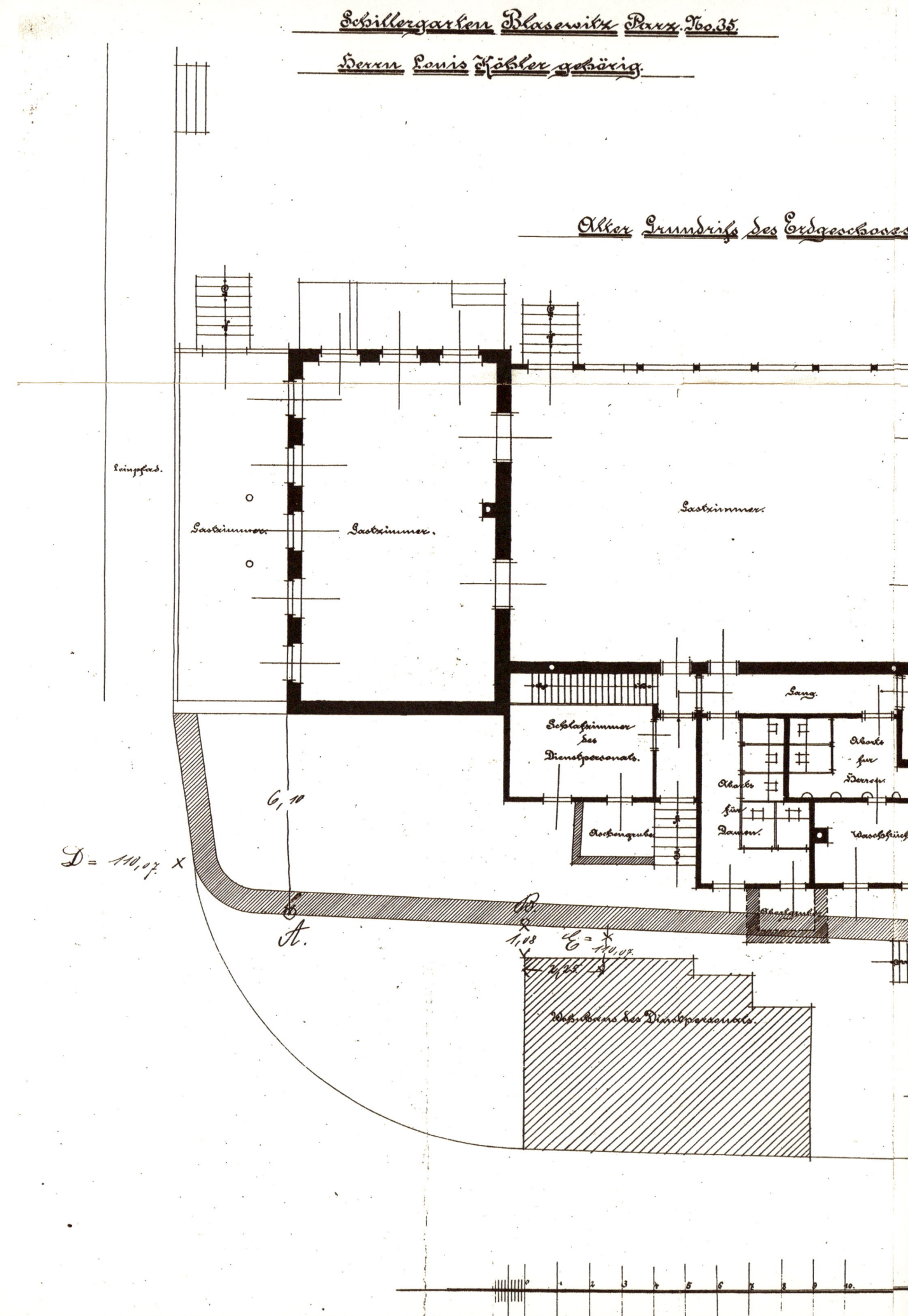

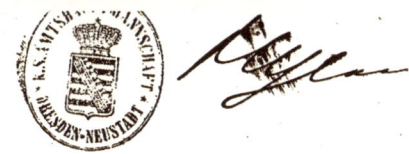

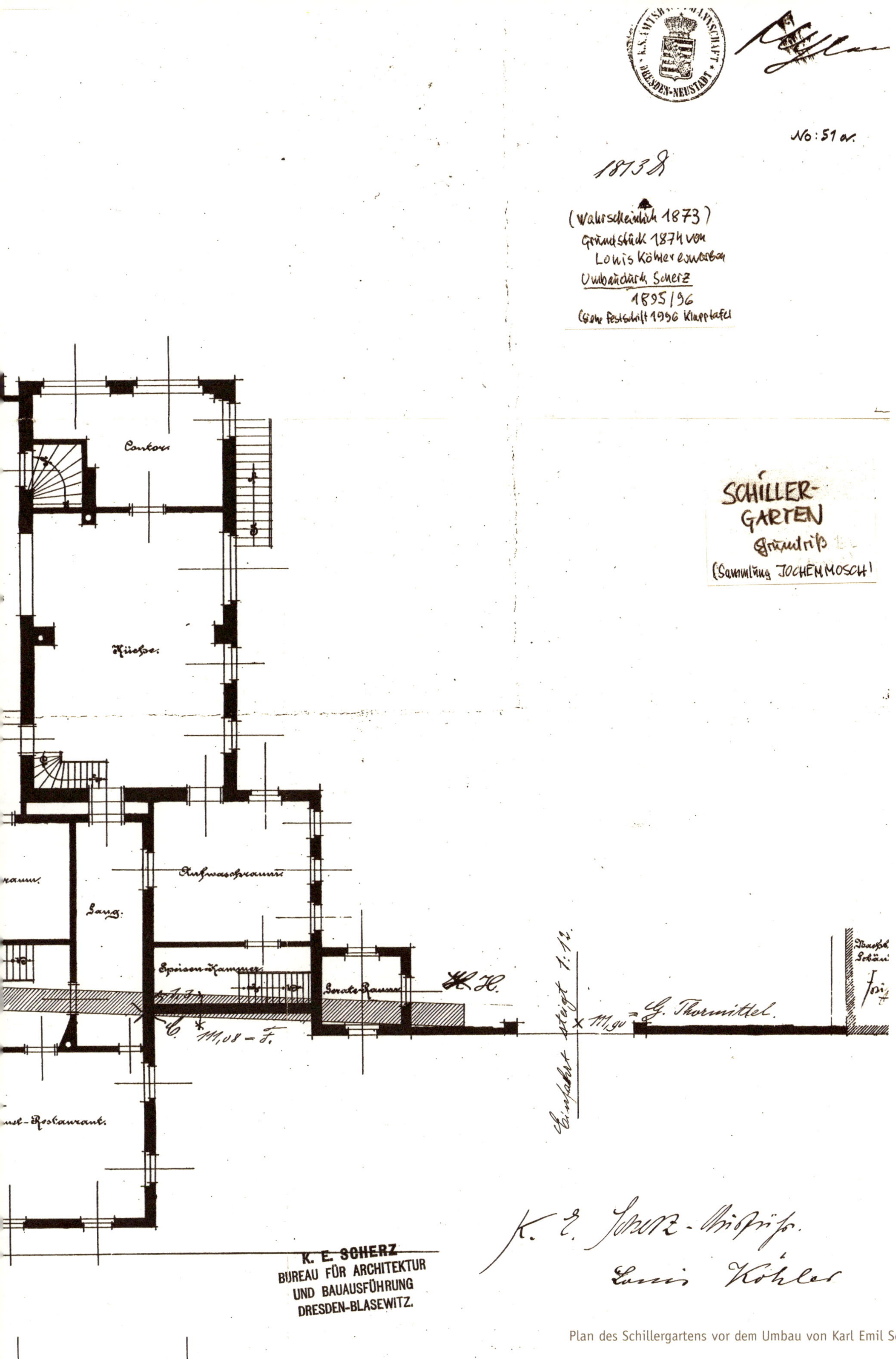
K.S. AMTSHAUPTMANNSCHAFT DRESDEN-NEUSTADT
No: 51 a.
1873
(Wahrscheinlich 1873)
Grundstück 1874 von
Louis Köhler erworben
Umbau durch Scherz
1895/96
(siehe Festschrift 1996 Klapptafel)
SCHILLER-
GARTEN
Grundriß
(Sammlung JOCHEMMOSCH)
Contor.
Küche.
Aufwaschraum.
Gang.
Speisen-Kammer.
Geräte-Raum.
G. Thormittel.
K. E. SCHERZ
BUREAU FÜR ARCHITEKTUR
UND BAUAUSFÜHRUNG
DRESDEN-BLASEWITZ.
Louis Köhler

Plan des Schillergartens vor dem Umbau von Karl Emil Scherz

Der Schillerplatz im Wandel der Zeit

Vom Dorfanger zum Verkehrsknotenpunkt

Ein paar Hühner gackern und zanken sich um die Krumen, die ihnen spielende Kinder hinwerfen. Kühe und Schafe grasen, ein Händler steht vor seinem Obstkarren, um den sich alsbald die Käufer scharen. Ein friedliches Bild vom Schillerplatz. Später gibt es manchmal Ärger am Schillergarten, wenn wieder einmal zu viele Pferde vorm Lokal den Verkehr behindern und die Kutscher unvorsichtig und lautstark mit ihren Fackeln hantieren – Bilder vergangener Tage.

Das Blasewitzer Herz

Seit jeher ist der Platz nahe des Elbebogens das Herz von Blasewitz. Die Bauerngüter des Dorfangers verschwanden so nach und nach im 19. Jahrhundert, im Adressbuch von 1879 sind nur noch zwei aufgeführt. 1882, drei Jahre später, weist es dagegen schon 66 „Villen" auf – Blasewitz hatte sich vom Bauerndorf zum aufblühenden Villenort gewandelt. Neue Wohnhäuser, Handwerksbetriebe und Gaststätten entstanden. Der „Schillergarten", der „Gasthof Blasewitz", „Potz Blitz" oder das „Café Toskana" waren beliebte Einkehrmöglichkeiten im Stadtteil.

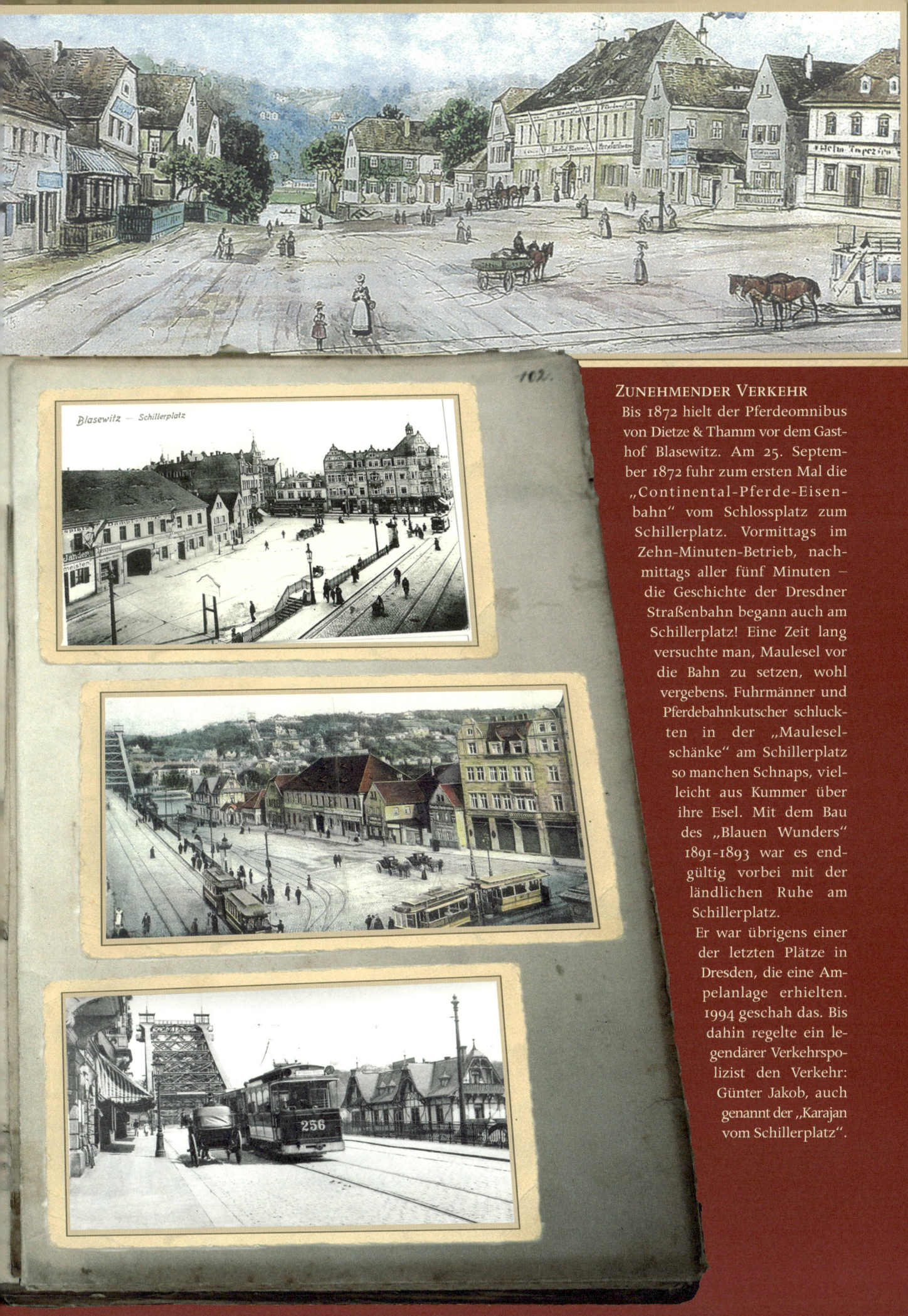

ZUNEHMENDER VERKEHR

Bis 1872 hielt der Pferdeomnibus von Dietze & Thamm vor dem Gasthof Blasewitz. Am 25. September 1872 fuhr zum ersten Mal die „Continental-Pferde-Eisenbahn" vom Schlossplatz zum Schillerplatz. Vormittags im Zehn-Minuten-Betrieb, nachmittags aller fünf Minuten – die Geschichte der Dresdner Straßenbahn begann auch am Schillerplatz! Eine Zeit lang versuchte man, Maulesel vor die Bahn zu setzen, wohl vergebens. Fuhrmänner und Pferdebahnkutscher schluckten in der „Mauleselschänke" am Schillerplatz so manchen Schnaps, vielleicht aus Kummer über ihre Esel. Mit dem Bau des „Blauen Wunders" 1891-1893 war es endgültig vorbei mit der ländlichen Ruhe am Schillerplatz.

Er war übrigens einer der letzten Plätze in Dresden, die eine Ampelanlage erhielten. 1994 geschah das. Bis dahin regelte ein legendärer Verkehrspolizist den Verkehr: Günter Jakob, auch genannt der „Karajan vom Schillerplatz".

Höfe, Häuser und Villen

In den sechziger Jahren des 19. Jahrhunderts erhielt der Schillerplatz seinen Namen. Karl Emil Scherz, der Blasewitzer Architekt, hat wesentlichen Anteil am heutigen Aussehen des Schillerplatzes. Die nach seinen Entwürfen gebauten Häuserzeilen – im Gegensatz zu den sonst in der Gemeinde gebauten Villen und Landhäuser – gaben dem Platz seine Geschlossenheit. Die Kriegswunde Schillerplatz 13, wo das so genannte „Schillerhaus" einer Bombe zum Opfer fiel, hatte lange Jahre Bestand. Zu DDR-Zeiten war der Platz Eisgarten der Milchbar und später zierte ihn ein Kiosk für „Obst- und Gemüsewaren". Erst 2003 erhielt der Schillerplatz durch den Bau der Sparkasse und des Senioren-Domizils wieder seine ursprüngliche Geschlossenheit zurück. Der ehemalige „Gasthof Blasewitz" ist nunmehr Seniorengaststätte.

Bekannte und unbekannte Namen

Der Namensgeber des Schillerplatzes, Friedrich Schiller, weilte in seiner Dresdner Zeit des Öfteren in der „Fleischerschen Schenke", dem späteren Schillergarten. Aber auch Ernst Litfaß, Ignacy Kraszewski, der Verfasser der „Sachsen-Trilogie", Rachmaninow und Krupp werden mit Blasewitz in Verbindung gebracht und könnten das eine oder andere Mal wohl auch den Schillerplatz gekreuzt haben.
In seinem Buch „Mein Leben" beschreibt Richard Wagner: „Wir nahmen bescheidenes Quartier in dem an der Elbe gelegenen Gasthof, dessen Wirtschaftsgarten in meiner frühesten Jugendzeit bereits häufig von mir besucht worden war." 1837 las er hier den Roman „Cola

„Rienzi", in dem er die Inspirationen für seine spätere Oper „Rienzi" fand. 1842 wurde diese dann in Dresden uraufgeführt. Ein anderer, Rinaldo Donath, betrieb auf dem Gelände der heutigen Sparda Bank einen „Kommunschank", den er 1872 verkaufte. Nach mehrfachem Besitzerwechsel entstand 1895 an selber Stelle der „Goethegarten". Wo Schiller einen „Garten" hatte, musste auch Goethe einen bekommen. Donath übrigens hatte nach dem Verkauf in Tolkewitz „Donaths Neue Welt" ins Leben gerufen, ein Vergnügungsetablissement mit den verrücktesten Kuriositäten. So gab es da zum Beispiel eine aus Holz und Pappe gefertigte Alpenkulisse, die mit gekonnter Beleuchtung das Alpenglühen simulieren konnte. Im August 2004 fiel der historische Gasthof einem Großbrand zum Opfer.

Am Schillerplatz 10, direkt neben dem Schillergarten, steht das Geburtshaus des 1802 geborenen Malers Woldemar Hottenroth. Das Haus wurde vom Architekturbüro „Resselarchitektur" denkmalgerecht saniert und bietet heute als „Pension Nebenan" Unterkunft neben dem Schillergarten.

Legendäre Namen der neueren Zeit am Schillerplatz waren „Tabakwaren Ziegenbalk", „Feinkost Fendler" oder die „Drogerie Weigelt", die heute nicht mehr zu finden sind. Alteingesessene und noch heute geöffnete Läden sind das Bekleidungshaus „Borrmann", der Uhrmacher Simmchen, Schirm-Dunger, Optiker Schubert (früher Panzer) sowie andere wie Drogerie und Schiller-Apotheke an verschiedenen Standorten.

DER SCHILLERGARTEN NACH DEM ZWEITEN WELTKRIEG

Den Krieg überstand der Schillergarten relativ unbeschadet. Blasewitz selbst erlitt einige Treffer. So fiel das Eckhaus Schillerplatz 13 einer Bombe zum Opfer und brannte aus, die am Haus befindlichen Schillermedaillons für immer zu Asche werden lassend. Auch das unter dem Namen „Naumann-Palais" bekannte Gebäude erhielt einen Treffer und wurde zur Ruine, auf dessen Platz viele Jahre später die Schiller Galerie errichtet wurde. Aus den Zeiten des legendären Wirtsehepaares Bongers zwischen 1948 und 1960 sind keine wesentlichen Umbauten des Hauses bekannt. Seit 1961 war es Gaststätte der HO (Volkseigene Handelsorganisation), die hin und wieder Geld in das Objekt steckte, alles in allem aber nur Flickwerk vollbringen konnte. Eine Aktennotiz im Landesamt für Denkmalpflege von 1969 über die Genehmigung eines „Fassadenfärbungsplans" zeugt vom Willen, wenigstens von außen etwas für die Erhaltung des Gebäudes zu tun. Goldocker sollte die Wand werden, ganz wie die Farbwerte des Körnerhauses, Gewände und Simse in hellstem Sandsteingrau und grüne Fensterläden waren geplant. Dass zur Instandhaltung eines so historisch wertvollen und alten Gebäudes mehr gehört als ein Fassadenanstrich, wurde dann beim großen Umbau 1995/96 mehr als deutlich.

Der Schillergarten 1958, Wirt Claus Bongers (2. v.l.) mit seinem Opel Kapitän (li.)

Der Schillergarten in den 1980er Jahren

Anfang der 1980er Jahre baute die HO feste Kioske im Garten auf (mit eigener Kühlzelle für das Bier, wie man stolz bekannt gab) und lud jeden Sonntag von 11 bis 15 Uhr zur Diskothek ein – solange, bis sich Anwohner auf der Loschwitzer Seite beschwerten. Der Eingang zum Schillergarten war in dieser Zeit links neben dem Toreingang im Hof, wo heute Wirtschaftsräume und Küche durch eine begrünte Wand abgetrennt sind. Eine Renovierung der Bar des Hauses im Jahre 1983 brachte den Gästen „stoffbespannte Wände in aparter Gobelinmusterung, dekorative kristallartige Wandleuchten" und vor allem eine neue Farbgebung, die intime Atmosphäre schaffen sollte. Außerdem wurde der Tresen durch „modische Elemente" aufgemöbelt, während die Decke „einen Pariser Blauton" erhielt. Schmuck muss sie ausgesehen haben, die neue Bar, auch wenn sie wohl nicht unserem heutigen Geschmack entsprochen haben wird. Noch bis 1980 waren im Obergeschoss zwei Wohnungen und ein Büro untergebracht.

Ein Bild des Jammers: der Schillergarten 1985–1996

Verfall und Schliessung 1985

Der Niedergang des einst so beliebten Hauses kam langsam und still. Die Zeiten änderten sich wieder einmal, die Tanzvorlieben wurden andere, die in all den Jahren nach dem Krieg die Menschen hierher gezogen hatten. Statt zum Tango im Schillergarten ging es nun zur Disko ins Parkhotel, der Fernseher hielt in die Haushalte Einzug und die Menschen vom Schwof ab. Die immer knapper werdenden Mittel von HO und Staat ließen das einstige Renommierobjekt dann letztlich ganz verkommen. Zwischen vergilbten Gardinen, verblichenen Tapeten, schmutzigen Toiletten und im vernachlässigten Garten mit zweifelhaftem Publikum wollte niemand mehr sitzen und seine Zeit verbringen. Am 13. Februar 1984 wird der Schillergarten zum Denkmal erklärt mitsamt dem Garten, der Schiller-Gedenksäule und den Medaillons. Sogar die abgebrochene Nase Schillers an der Gedenksäule wird restauriert. Als die Backstube des gegenüberliegenden „Café Toskana" rekonstruiert wird, belebt das Kaffeegeschäft für eine Weile die Nachmittagsstunden im Schillergarten, doch der Abstieg ist nicht aufzuhalten.

1985 schließt die HO ab, lässt im Haus alles wie es war und keiner ahnt, wie es mit dem Gasthaus an der Elbe einmal weitergehen wird. Erst 1991, nach der Wende, werden es seine neuen Eigentümer betreten und die Hinterlassenschaften der HO beräumen.

Umbau und Neueröffnung 1996

Als der Schillergarten im März 1996 von den Gästen wieder in Besitz genommen wird, liegt eine komplexe, mehrjährige Sanierung hinter ihm. Die umfangreichste in seiner Geschichte bis dahin, wenn man vom großen Umbau um die Jahrhundertwende durch Baumeister Karl Emil Scherz absieht.

Die Planungen des Münchner Architektenbüros Denk, Mauder & Partner sahen zunächst eine Entkernung des Gebäudes, den Einbau entsprechenden Hochwasserschutzes und den Bau eines gläsernen Anbaus zum Garten vor, der als Wintergarten mit Bühne und Tanzfläche genutzt werden sollte. 300 Plätze im Innenbereich, 200 auf der Gartenterrasse und 1.500 im Biergarten waren geplant. Der elbseitige Teil des Schillergartens mit dem herrlichen Blick auf das „Blaue Wunder" und die Loschwitzer Hänge sollte Café mit großer Glasveranda werden. Bald zeigte sich, dass die Bausubstanz schlechter war als angenommen, die Fertigstellung verzögerte sich. Dem Hochwasserschutz angemessen, erhielt das Gebäude eine so genannte „Weiße Wanne". Das Dach bekam seine zinnernen Türmchen zurück, wurde mit schwarzem Naturschiefer gedeckt, und das alte Schweizer Haus wurde komplett denkmalgerecht saniert. Für die Fassade wählten die Architekten einen hellen, fast weißen Anstrich, unterbrochen von dunklem Fachwerk.

Auch im Garten legten die Eigentümer Hand an. So ließen sie durch das Dresdner Büro für Landschaftsarchitektur Kretzschmar und Partner 15 Jahre alte, 2,40 Meter hohe Platanen und entlang der Mauer acht junge Linden pflanzen, die heute mittlerweile schon als stattliche Bäume Schatten spenden. Das alte Kino blieb in dieser Sanierung des Objektes unangetastet. Anfangs noch in den Händen eines privaten Besitzers, später wieder in Stadteigentum überführt, blieb es im Hinterland des Schillergartens ein trauriger Anblick.

Doch es sollte nicht der letzte Umbau des Schillergartens sein. Nach schweren Schäden durch die Jahrhundertflut 2002 blieb das Lokal zunächst geschlossen, ehe sich die neuen Besitzer mit ihren Architekten des Gebäudes erneut annahmen.

Mindestens ein halbes Schillergarten-Leben gehören die Schiller-Gedenksäule sowie die Medaillons von Friedrich Schiller und der „Gustel von Blasewitz" zum Traditionslokal an der Elbe. Das alte Kino, in dessen Keller man einen Schlussstein mit der Jahreszahl 1806 fand, ist noch viel länger am Platze, auch wenn es erst seit 2004 wieder zum Schillergarten gehört.

Postkarte des Schillergartens nach der Neueröffnung 1996

Das alte Kino

Wohl nur wenige Besucher des heutigen Schillergartens, die an einem lauen Sommerabend ihr Bier aus dem Biergartenausschank holen, werden sich daran erinnern, wie sie hier einst in Klappsesseln Kinofilme anschauten – zu lange ist es her, seit das alte Kino schließen musste. Anfang der 1970er Jahre flimmerten in diesem „Reprisentheater" die letzten Helden über die Leinwand. Der Schriftzug „Lichtspiele" an der Giebelseite des Hauses ist das, was außer den Erinnerungen an die vergangene Zeit geblieben ist. Die Geschichte des Gebäudes, das zurückgesetzt im Garten wie ein Dienstbotenhaus des Schillergartens wirkt, beginnt bereits vor über 200 Jahren.

Auf einem ehemals im Keller dieses Hauses befindlichen Schlussstein, der heute zur Erinnerung links neben dem Eingang des Schillergartens zu finden ist, steht die Jahreszahl 1806. Eine Zeit, in der dieses Gebäude offenbar als Eiskeller für das Schenkhaus errichtet wurde. Wer damals Wirt oder Besitzer war, ist unbekannt, ebenso gibt es keine Informationen, wie es Anfang des 20. Jahrhunderts dazu kam, den Eiskeller aufzugeben und das Gebäude als Kino zu nutzen. Vielleicht war es die allgemeine Kinoeuphorie in Dresden, die zu jener Zeit überall Kinos wie Pilze aus dem Boden schießen ließ und in der jeder halbwegs geeignete größere Raum dazu umgebaut wurde. 1906 hatte in der Stadt auf der Wettiner Straße das „Dedrophon-Theater" als erstes Kino eröffnet, es folgten das „Welt-Theater" (mit eleganter Note und Zentralheizung!) auf der Scheffelstraße, das „Imperial Theater" in der Moritzstraße und weitere. Der in Blasewitz geborene Architekt Martin Pietzsch übrigens erwies sich als wahrer Kinoarchitekt. Er baute das „Union-Theater" in der Waisenhausstraße, die „Gloria-Palast-Lichtspiele" auf der Schandauer Straße und von ihm stammt auch die noch heute bespielte „Schauburg" auf der Königsbrücker Straße.

Am 1. April 1911 eröffnete nun das Kino am Schillergarten unter dem Namen „Elite-Reform-Kino-Salon". Der Besitzer Karl Paty, ein „tüchtiger Kaufmann", begrüßte honorige Gesellschaften zur ersten Vorstellung, die in der Presse als „abwechslungsreiches, hochinteressantes Programm" bejubelt wurde. Flimmerfrei wäre das Bild, die Klappsitze seien praktisch und nummeriert und der Raum gut ventiliert, hieß es weiter. Paty ersuchte die auserwählten Gäste, ihm künftig „bei der Wahl der Sujets beratend beizustehen, da es wohl in erster Linie darauf ankommen werde, den Geschmack des hiesigen besseren Publikums zu treffen und sein allen Anforderungen der Neuzeit entsprechendes Institut auch der Belehrung und der gediegenen Unterhaltung der Jugend nutzbar zu machen."

Fortan spielte das Kino Filme wie „Trojas Fall", „Roman eines weißen Reiters aus dem Westen Amerikas", „Herrliche Naturaufnahmen sowie humoristische Bilder, um herzlich lachen zu können", „Nero und der Brand von Rom" und mit dem „Glöckner von Notre Dame" den größten „bunten" Film, der bisher gezeigt wurde, 1.100 Meter lang, aber auch „Theodor Körner – von der Wiege bis zu seinem Heldentod". Immer wieder bringt die Zeitung Annoncen zu den „herrlichen reichhaltigen Programmen mit höchst fesselnden Handlungen", immer wieder werden auch „die besseren Kreise unseres Ortes und seiner Umgebung" betont, die in dem Kino nicht nur Zerstreuung, sondern auch Bildung erfahren. Zweimal die Woche wird das Programm gewechselt, immerhin, und es gab zwei Vorstellungen am Tag. Die Filmvorführer mussten damals ihre Maschinen meist noch mit der Hand bedienen, erst nach und nach tauchten die ersten Vorführapparate auf, die elektrisch betrieben werden konnten. Außerdem hatten die Vorführer die Aufgabe, den Film zu rezitieren, denn der Tonfilm kam erst Ende der 1920er Jahre auf. Nur größere Kinos leisteten sich einen Rezitator, der neben der Leinwand stehend die Texte mit entsprechendem Stimmwechsel las. Zur musikalischen Illustrierung des Filmes gab es meistens Klavierspieler, die nach Gutdünken spielten.

Die Einweihung des Körner-Schiller-Brunnens in Loschwitz

Das Kino im Schillergarten hatte schon ein Jahr lang Besucher in seinen Bann gezogen, als in Loschwitz auf der Schillerstraße am 18. Mai 1912 unter Anwesenheit des sächsischen Königs ein Denkmal eingeweiht wurde „das jene Tage der Vergessenheit entreißen soll, in denen Friedrich Schiller im gastlichen Hause seines vertrauten väterlichen Freundes, des Oberkonsistorialrates Christian Gottfried Körner, im noch jetzt vorhandenen schlichten Häuschen am einstigen Weinberge, den ‚Don Carlos' vollenden konnte …" Das vorherige Schiller-Denkmal an dieser Stelle, eine Gipskopie des Rietschel-Denkmals an der Semperoper, die alljährlich mit weißer Ölfarbe überstrichen werden musste und vor dessen Anblick das Pferd des Königs jedes Mal scheute, war abgebaut worden.

Das neue Denkmal, ein Wandbrunnen mit großem Reliefbildnis gegenüber dem Schillerhäuschen, entstand nach einem Entwurf und unter der Bauleitung von Martin Pietzsch und wurde von Bildhauer Oskar Rassau geschaffen. Die lebensgroßen Reliefs sind das Denkmal der zwei Abschiede. Sie halten einerseits den Augenblick der Verabschiedung Schillers durch Vater und Sohn Körner im Jahr 1801 fest, andererseits zeigen sie den Abschied Theodor Körners, dem Sohn Christian Gottfried Körners, aus dem Vaterhause. Die Mitte des Denkmals zierte ein kleiner Brunnen, dessen Wasser einer Quelle des dahinter liegenden Berges entsprang.

Seine Majestät der König, Friedrich August III., maß dem Ereignis so viel Bedeutung zu, dass er direkt von einer militärischen Besichtigung auf dem Heller zum Festort auf der Schillerstraße kam, der auf 200 Meter links und rechts vom Denkmal prächtig durch die Königliche Gendarmerie zu Pferd und zu Fuß sowie durch die Schutzmannschaften geschmückt war. Nachdem der König einen großen Blumenstrauß zur Begrüßung entgegen genommen hatte, verfolgte er den Weiheakt auf dem extra für ihn hergerichteten Platz auf der Terrasse des Grundstücks gleich neben dem Schillerhäuschen bis fast zum Schluss. Neben Musik vom Männer-Gesangverein und dem Schulchor sowie verschiedenen Ansprachen – die Weiherede hielt der in Loschwitz im Ruhestand lebende Geschichtsgelehrte Dr. Otto Kaemmel – wurden Lorbeerkränze vor dem nunmehr enthüllten Denkmal niedergelegt, das damit an die Gemeinde Loschwitz übergeben wurde. Die Kosten betrugen etwa 14.000 Mark und wurden durch freiwillige Spenden der Loschwitzer Bürger und des Ortsvereins aufgebracht.

Im Sommer 2007 wurde der Körner-Schiller-Brunnen durch die Restauratorengesellschaft Heidelmann&Hein restauriert, allerdings wurde nach verschiedenen Überlegungen durch die Stadt Dresden die Brunnenfunktion nicht wieder hergestellt.

Die Einweihung des Körner-Schiller-Brunnens 1912 unter Anwesenheit des sächsischen Königs

Das kleine Kino am Schillergarten behauptet sich, die etwa 200 Plätze sind gut besucht. Während des Ersten Weltkrieges muss es den Betrieb allerdings gelegentlich einschränken, wegen der Kriegswirren spielt es ab August 1914 nur noch sonntags und bringt außerdem Kriegsberichte von allen Fronten. Im Juli 1916 schließt es vorübergehend, Besitzer Karl Paty möchte verkaufen oder verpachten. Als der Schillergarten im ersten Weltkrieg eine Zentralküche einrichtet, lagern im Kino Schinken, Pökelfleisch und Dörrgemüse – ein Grund, warum es später einer gründlichen Renovierung unterzogen werden musste.

Doch es kamen auch wieder bessere Zeiten: 1920 geht der Spielbetrieb weiter, von nun an heißt die Spielstätte „Schillergarten Lichtspiele", wofür die Betreiber den Namen „Schi-Li" zu etablieren versuchen. Eröffnet wird am 26. November mit dem Zirkusfilm „Eine Motte flog zum Licht". Das Kino schafft mit seinen leichten Stücken Ablenkung und Unterhaltung und ist im Gegensatz zum Theater viel billiger. Auch wenn der Ton noch fehlt, die Menschen zieht es in die fremden Welten und Bilder, sie tauchen ein in ferne Schicksale und Leben. „Schi-Li" dient als so genanntes „Nachspielkino". Neue Filme laufen zunächst in der Innenstadt in den großen Kinos und kommen erst nach 15 oder 20 Wochen nach Blasewitz. Nachweisbar ist der Anbau an das Gebäude aus dem Jahr 1925, in dem Kassen- und Vorführraum untergebracht werden. Von den insgesamt 33 Kinos im Jahr 1929 in Dresden sammelte das Gewerbeamt übrigens eine „Lustbarkeitssteuer" ein und verbot aus unerklärlichem Grund den Verkauf von Süßigkeiten nach sieben Uhr abends.

Eine Besonderheit machte das Kino am Schillergarten zu etwas ganz Außergewöhnlichem: Es war das einzige Garten-Kino Dresdens. Wirt Robert Lindner hatte diese Neuerung und damit eigentlich „Open Air" erfunden. Der Vorführer drehte seine Maschine nur durch das Fenster des Vorführraumes und projizierte den Film auf eine Leinwand im Freien. Mit Beginn des Krieges 1939 war es allerdings wegen der vorgeschriebenen Verdunklung damit vorbei. Doch nicht nur das. Die Abendvorstellungen wurden eingestellt, da dieses Kino – wie auch viele andere – keinen Luftschutzkeller hatte. 1942 unterzeichneten Kurt und Elisabeth Lindner einen zunächst auf sechs Jahre datierten Mietvertrag für das „vom verstorbenen Vater zu einem Lichtspielhause umgebauten Gebäude", wie im Mietvertrag zu lesen ist. 2.400 Reichsmark im Jahr mussten sie dafür zahlen. Im Zweiten Weltkrieg diente das Kino auch dem Winterhilfswerk mit zahlreichen Vorstellungen.

Im Jahr 1945 übernahm die sowjetische Militäradministration die Kontrolle des Kinos, die Lindners betrieben es noch bis 1953. 1959 fanden einige kleinere Erhaltungsarbeiten statt, so wurde zur akustischen Trennung von Kassenraum und Saal eine Zwischenwand verstärkt und eine schallabsorbierende Tür eingebaut. 1962 schätzte man den baulichen und technischen Zustand als so schlecht ein, dass ein Umbau ausgeschlossen werden musste. Die hygienischen Mängel letztlich waren es, die 1970 zur Schließung „wegen vernachlässigter Werterhaltung" führten. Nach dem Willen der Bezirksfilmdirektion sollte das alte Kino 1986 als Filmkopienlager genutzt werden, was später aber wieder verworfen wurde. Um 1987 hatte der Dresdner Schauspieler und Kabarettist Tom Pauls die Idee, ein kleines

„Reich mir die Hand, mein Leben"
Erinnerungen an „Don Giovanni" im Schillergarten-Kino
von Annegret Herzberg

Hier, im Schillergarten, fand meine erste Begegnung mit Mozarts Musik statt. Ich war zwölf Jahre alt und eine leidenschaftliche Kinogängerin. Auch entlegene Dresdner Kinos waren mir gut bekannt, aber keines liebte ich so wie das Schillergartenkino. Es war klein, es war gemütlich, es war ein Ort für Träume.

Im Frühsommer 1957 stellte sich, wie jedes Jahr um diese Zeit, heraus, dass ich zu schnell gewachsen war, zu schnell jedenfalls, um meine vorjährigen Sommerkleider noch einen weiteren Sommer zu tragen. Auch Säume herauslassen half da nichts mehr, das in die Höhe geschossene Kind brauchte neue Kleider. Der Tag des Einkaufs wurde festgesetzt, man fuhr in die Stadt, wie es hieß. Die Stadt war im Falle eines solchen Einkaufs der Schillerplatz, denn dort gab es noch ein privat geführtes Bekleidungshaus, das Kaufhaus Union. Meine Mutter zog ein Kostüm an, setzte einen Hut auf, denn man fuhr ja in die Stadt. Der Einkauf wurde glück-lich vollzogen, ich erinnere mich des milden sonnigen Tages und des Glücksgefühls, zwei schöne neue Kleider zu besitzen. Damit nicht genug. Einen gelungenen Einkauf liebte meine Mutter mit dem Besuch eines Kaffeehauses abzuschließen. Dafür kam selbstverständlich nur das Café Toscana in Betracht. Ich erinnere mich an die glänzenden kupfernen Backformen an der Wand über der Kuchentheke, an die auf die Wände gemalten Landschaftsbilder. Vom Toscana aus konnte man zum Schillergarten hinüber sehen, auch auf die Ankündigungen des Kinos. „Guck doch mal, was gespielt wird", sagte meine Mutter und als ich mit der Nachricht, man spiele „Don Giovanni" zurückkam, wurde dieser Tag ein wahrhaft glücklicher: Wir gingen ins Kino.

Die wenigen Stufen, die zum Lichtspielhaus hinaufführten, ging ich wie immer voller Erwartung. Dann trat man in einen kleinen Vorraum, rechts war die Kasse, davor eine blanke Messingstange. Die Karte für die Nachmittagsvorstellung kostete 85 Pfennige. Eine dunkelrote Samtportiere trennte den Vorraum vom Kinosaal. Der sanft abwärts führende Mittelgang teilte die schmalen Reihen der Polstersessel, auch die rotsamten bezogen. Sie waren schon etwas abgenutzt, die einst behaglich gepolsterten Sitze durchgesessen, aber noch immer bequem. Man versank darin und während der Körper behaglich ruhte, war der Geist voll Spannung auf das Kommende gerichtet. Damals gab es zum jeweiligen Film ein Programm, es kostete zehn Pfennige, war reich bebildert, verzeichnete die Mitwirkenden und berichtete über den Inhalt des Films. Natürlich nicht zu viel, man sollte ja in Erwartung gehalten werden. Im Falle „Don Giovannis" müssen die Programme wohl ausverkauft gewesen sein; jedenfalls erinnere ich mich nicht, eins besessen zu haben. Es traf mich also völlig unvorbereitet. Die Ouvertüre, die ich nicht als Ouvertüre begriff, sie war eben die Musik, die, wie im Kino üblich, den langen Vorspann untermalte. Und doch begriff ich diese Musik in ihrem eigentliche Sinn: als Vorbereitung auf das Kommende. Noch sehe ich die schwungvollen Namenszüge, die auf einem goldglänzenden, kunstvoll drapierten Stoff auf der Kinoleinwand erschienen. Oh, was musste das für ein Film sein, der mit solch einer Musik begann! Und dann erschien Don Giovanni, sein schwarzer Mantel wehte, den Degen noch in der Hand eilt er durch die Gänge eines Palastes. Es war der Beginn einer lebenslangen Liebe – zu Mozarts Musik.

Theater in dem Gebäude zu etablieren und sogar schon das Dach teeren lassen. Doch letztlich wurde daraus nichts. Er war damit übrigens nicht der erste: 1976 zog der Rat der Stadt in Erwägung, im Kino eine „politische Bühne" oder ein „literarisch-musikalisches Kabarett" zu etablieren, was auf Grund des miserablen baulichen Zustandes wieder verworfen werden musste.

Seit 1988 stand das Gebäude leer, 1991 verkaufte es die Treuhand an der Stadt Dresden vorbei an Müller&Schwerdt, die zu dieser Zeit vor allem im Osten „Kinokäufer" waren. Die Stadt merkte allerdings schnell, dass das Kino „eine Funktion im städtebaulichen Zusammenhang mit dem Schillergarten erhalten soll" und klagte erfolgreich bis zum Bundesverwaltungsgericht auf Rückübertragung in Stadteigentum. Für die Sanierung des Schillergartens Mitte der 1990er Jahre spielte dies keine Rolle, da das Kino nicht mit in die Pläne einbezogen war.

Mit der Übernahme des Schillergartens im Jahr 2004 durch den Gastwirt Frank Baumgürtel und seine Partner Steffen Brasche und Thomas Jacob stand auch die Frage nach dem Kino neu. Durch das Hochwasser von 2002 zusätzlich extrem geschädigt, machte das Gebäude einen völlig desolaten Eindruck. Das Dach einsturzgefährdet, der Fußboden derart hohl, dass man einen Meter weit einbrach; so fanden die Architekten der sanierenden IPRO das alte Kino vor. Nach langer Diskussion um die Verwendung des Gebäudes entschied sich das Besitzerteam dann, es als Biergartenausschank umzubauen. Seither werden die Zapfhähne des Ausschankes durch unterirdische Leitungen vom Schillergarten-Kühlkeller gespeist, der Gast kann rustikale Speisen bestellen – und im Herbst, wenn der Biergarten langsam verwaist, die Herbststürme wehen, dann wird das alte Kino zur Stollenbackstube, wo der „Schillergarten-Stollen" gebacken wird.

Der Umbau des alten Kinos zum Biergartenausschank, 2004

DIE SCHILLER-GEDENKSÄULE UND DIE TAUFE DES SCHENKHAUSES IN „SCHILLERGARTEN"

Wenn die Gäste des heutigen Schillergartens durch den Biergarten zur Elbe bummeln, kommen sie an der Schiller-Gedenksäule auf der Terrasse vorbei. Das Antlitz des steinernen Friedrich Schiller blickt versonnen über die Elbe auf die Loschwitzer Höhen und scheint zufrieden mit seinem Buchsbaum-umkränzten Ehrenplatz, den er seit dem 9. Mai 2005 wieder eingenommen hat. Seit ihrer Weihe am 1. September 1859 schmückte die Gedenksäule schon verschiedene Plätze im Biergarten. Ihre Aufstellung war zu damaligen Zeiten recht umstritten, was allerdings nichts mit dem Dichter Friedrich Schiller zu tun hatte.

In jener Zeit, zwischen 1830 und 1871, veränderten sich die Stadt Dresden und ihre Umgebung gerade sehr wesentlich. Erst etwa 1830 hatte Dresden seine Bevölkerungszahl von vor dem Siebenjährigen Krieg wieder erreicht. Die Napoleonischen Kriegswirren von 1813 waren fast vergessen, die Stadtentwicklung wurde nicht mehr nur vom königlichen Hof bestimmt. Es entstanden Industriebetriebe, 1839 ging die erste Eisenbahnlinie Leipzig–Dresden in Betrieb und das geistig-kulturelle Leben wurde von Menschen wie Carl Maria von Weber, Ludwig Tieck, Carl Gustav Carus und Richard Wagner bestimmt. Dieser war mit Blasewitz insofern eng verbunden, als dass er hier im Gasthof die Inspirationen zu seiner Oper „Rienzi" fand. Die Maiaufstände von 1849, während dieser er und Gottfried Semper fliehen mussten und die Dresden in ganz Europa ins Blickfeld gerückt hatten, lagen mittlerweile zehn Jahre zurück. Kurz vor der Einweihung der Schiller-Gedenksäule im September 1859 führte das Dresdner Hoftheater zum ersten Mal Wagners „Lohengrin" auf – und vielleicht wurde für diese Oper auch auf den neuen „Annonciersäulen", mithin Litfaß-Säulen genannt, geworben. Ihr Erfinder Ernst Litfaß war es, der 1855 in Berlin erstmalig solcherart Säulen aufgestellt hatte und nun in Blasewitz mit seiner Idee einer Schiller-Gedenksäule zunächst für Unfrieden sorgte.

Auf der Naumannstraße in Blasewitz zur Erholung und Kur weilend, wird Litfaß so manches Mal auch im Schillergarten gewesen sein. Welche Beweggründe er hatte, dem Schenkhaus ein auf seine Kosten zu errichtendes Schiller-Denkmal vorzuschlagen, ist unbekannt. Vielleicht fühlte er sich inspiriert durch Rietschels Goethe-Schiller-Denkmal, das zwei Jahre zuvor 1857 in Weimar eingeweiht wurde, vielleicht liebte er auch einfach nur das Schenkhaus an der Elbe und Schillers Werke. Die Erlaubnis der damaligen Besitzer erhielt er jedenfalls und so kam es zur Planung eines Weiheaktes am 1. September 1859, an dem die von Bildhauer Heinrich Otto Wolf hergestellte Schiller-Gedenksäule der Öffentlichkeit übergeben werden sollte. Die Blasewitzer waren jedoch alles andere als erfreut, ja sogar empört, dass ihnen ein „Ausländer", wie sie sagten, die Ehrung ihres Dichters „wegnahm". Sogar zu Boykottaufrufen der anberaumten Schiller-Feier soll es gekommen sein, kein Wunder eigentlich, denn die Zeitungen schrieben von der Enthüllung eines „Litfaßsteines". Wollte sich Litfaß vielleicht eher selbst ein Denkmal setzen? Die Angelegenheit nahm wunderliche Züge an, die Presse veröffentlichte verschiedene anonyme Anzeigen wie die der „Gustel von Blasewitz", die „aus Pietätsgründen" ihr Fernbleiben an der „Enthüllungsfeier des Litfaßsteines für unseren unvergesslichen Schiller" anzeigte, oder die des Blasewitzer Bäckers, der „Litfaßsteine" für sechs Pfennige das Stück anbot. Doch nicht alle unterstellten Litfaß unehrenhaftes Verhalten, wie ein „Aufruf zur Verständigung" im Dresdner Anzeiger vom 31. August 1859 zeigt. Vielleicht besann man sich oder der Aufruf zeigte Wirkung – der Festakt nahm jedenfalls einen überaus würdevollen und angenehmen Verlauf und verging zur höchsten Zufriedenheit aller, wie die damaligen Zeitungen schrieben.

Drei Kanonenschüsse leiteten den festlichen Weiheakt ein, gefolgt von einer erhebenden Ansprache des Geschäftsführers von Litfaß, Herrn Flügel, der den Gedenkstein mit einem Lorbeerkranz schmückte. Ein weiterer Redner war Herr Franke, der über den Plan der Zweigstiftungsgründung zur Schillerstiftung informierte. Rechts und links des Denkmals hatte man Büsten der Könige Friedrich August des Gerechten von Sachsen und Friedrich Wilhelm IV. von Preußen aufgestellt. In die Musik der „Ode an die Freude" stimmten die zahllosen Zuschauer mit ein, die sich bei Erfrischungen im Schillergarten und festlicher Musik amüsierten. Litfaß selbst erschien ein wenig später im Garten, und offenbar wollte ihm nun niemand mehr etwas Böses. Seit diesem feierlichen Akt zum 100. Geburtstag Friedrich Schillers heißt das Schenkhaus an der Elbe nun auch offiziell „Schillergarten". Die Schiller-Gedenksäule blieb all die Jahre stehen, zunächst unter der Schillerlinde, später an anderen Plätzen im Biergarten, überdauerte Wirte und Besitzer und Kriege. 1905 nahm man ihre Erneuerung in Angriff und hatte auch schon einen nennenswerten Geldbetrag gesammelt. Einmal nur musste sie vorsichtshalber in Sicherheit gebracht werden: Nachdem 1992 schon zwei schmiedeeiserne Flügel des Haupteingangsportales des leer stehenden Schillergartens gestohlen und die zwei Medaillons von Schiller und der Gustel von Blasewitz zerstört worden waren, wurde das Denkmal abmontiert und sicher verwahrt. Am 2. Mai 1996 stellten es die Besitzer wieder im Garten auf, nachdem es durch den Steinmetzmeister Christian Hempel restauriert worden war.

Schaden nahm die Schiller-Gedenksäule in ihrer Geschichte nur einmal – in den Fluttagen 2002, als der Schillergarten im Wasser der Elbe versank. 9,40 Meter Höchstpegelstand hatten es komplett unter Wasser gesetzt. Doch die neuen Besitzer Frank Baumgürtel, Steffen Brasche und Thomas Jacob waren sich einig, dass das Lokal nur mit diesem Denkmal komplett ist, auch wenn es die Schillerlinde, unter der es einst geweiht wurde, nicht mehr gibt. So beauftragten sie die Dresdner Restauratorengesellschaft Heidelmann & Hein mit der Restaurierung der Schiller-Gedenksäule, die bald darauf eine moderne Laserreinigung erfuhr. Die Restauratoren beseitigten außerdem einige Fehlstellen und zeichneten die Inschrift nach. Die Finanzierung dieser Arbeiten übernahm der Beirat des Schillergartens, ohne den die Arbeiten nicht möglich gewesen wären.

Ganz im Sinne der früheren „Schillerfeiern" wurde das Denkmal in einer Feierstunde eingeweiht, am 9. Mai 2005 zu Schillers 200. Todestag. Matz Griebel, Stadtmuseumsdirektor i.R., hielt eine Rede, die „Gustel von Blasewitz" sinnierte über Schiller und der Dresdner Schauspieler und Kabarettist Tom Pauls rezitierte zum Abschluss eines seiner Lieblingsgedichte von Schiller. Von Querelen im Vorfeld der Aufstellung wurde diesmal nichts bekannt, leider verkaufte aber auch kein Bäcker „Litfaßsteine" für sechs Pfennige.

Zur Verständigung.

Ist jemals eine gute Absicht, ein guter Wille in Folge irrthümlicher Auffassung von Seiten des großen Publikums verkannt und von Einzelnen in unwürdiger Weise öffentlich geschmäht und verhöhnt worden, so ist das in der That so löbliche als erfreuliche Unternehmen des Herrn Litfaß dem deutschen Dichter Schiller bei der dessen Namen tragenden Linde ein dauerndes Denkmal zu setzen und mit dessen Enthüllung ein Fest zu verbinden, dessen **voller** Ertrag ohne Abzug irgend welcher Kosten, die Herr Litfaß ganz allein aus eigenen Mitteln trägt, hauptsächlich unsern durch schweres Unglück heimgesuchten sächsischen Brüdern im Voigtlande zu Gute gehen soll. Dafür daß Herr Litfaß ein Berliner und kein Sachse resp. Dresdener ist, kann er doch wahrhaftig nichts; ebenso wenig dafür, daß man eine, vielleicht nicht ganz glückliche Fassung seiner Ankündigungen mit Gehässigkeit ausbeutet um die ganz unbegründete Beschuldigung möglich zu machen, daß er seinen Namen anmaaßender Weise habe in den Vordergrund stellen, und mehr sich selbst als unserem großen Dichter zu Ehren ein Denkmal habe errichten wollen. Schreiber dieses hat sich von der eigentlichen auf reiner Verehrung Schillers und der ungeheucheltsten Nächstenliebe beruhenden Intention des Herrn Litfaß sowie insbesondere auch davon überzeugt, daß das Fest zuerst in einem engeren Kreise eingeladener Freunde hat gefeiert werden sollen, daß aber der allgemeine Anklang, welchen die Idee gefunden, den Unternehmer namentlich im Interesse der armen durch Feuerschaden arm und obdachlos gewordenen Einwohner Falkensteins und anderer sächsischer Ortschaften bewogen hat, dem Feste eine größere Oeffentlichkeit zu geben.

Der Name „Litfaß" auf dem mehrberegten Steine ist nichts Anderes und soll nichts Anderes sein, als die Unterschrift auf einem Stammbuchblatte.

Darum keine Lieblosigkeit, keine Gehässigkeit! Gießt keinen Tropfen Wermuth in den Becher der Freude, den Herr Litfaß, obwohl kein geborener Sachse, uns und einer großen Menge unserer unglücklichen Landsleute credenzt.

Ohne von Herrn Litfaß ausdrücklich dazu beauftragt zu sein, jedoch von der Sachlage vollkommen unterrichtet, habe ich es für Pflicht gehalten, dieses Wort der Verständigung auszusprechen, und rufe ich allen Widersachern zum Schluß die herrlichen Worte unseres großen Schiller zu:

Unser Schuldbuch sei vernichtet,
Ausgesöhnt die ganze Welt!

Dresden, den 30. August 1859.

Adv. Hermann Matthä...

Anzeigen in der „Sächsischen Dorfzeitung und Elbgaupresse" von 1859

Bild unten: Der Schillergarten um 1887
Bilder rechte Seite: Ernst Litfaß; Einweihung der restaurierten Schiller-Gedenksäule 2005, Tom Pauls (li.) und Stadtmuseumsdirektor i.R. Matthias Griebel

Soeben ist erschienen und im Buch- und Kunsthandel zu haben, Altmarkt Nr. 8:

Enthüllung des Gedenksteins an der Schiller-Linde zu Blasewitz.

Errichtet von Litfaß aus Berlin.
Quart-Format.   Lithographirt à Blatt 5 Ngr.

Diejenigen, welche die gemeinen Anfeindungen gegen Herrn Litfaß **nicht** für den Gesinnungsausdruck Dresdens halten, werden den Ausdruck **ihrer** Gesinnung in der heutigen „**Saxonia**" lesen, wo zur Beschämung der Kläffer „**Schiller's Geist**" citirt wird.

Außer dem **Offenen Briefe an Herrn Litfaß** erschien im **Bureau der „Saxonia"** ein Fliegendes Blatt: „**der berlin-blasewitzer Faßstreit**". Beide Schriften seien den zahlreichen Besuchern des heutigen Schillerfestes zur **werkthätigen Beachtung** empfohlen! Herr Litfaß hat als Antwort auf den **Offenen Brief** zu der darin projectirten Stiftung bereits 10 Thaler beigesteuert, das solltet Ihr ihm nachmachen!

Wird denn der bewusste Stein neben der Schiller-Linde in Blasewitz wegen des Herrn Buchhändlers, Buchdruckereibesitzers und Besitzers der Königl. concess. Anschlagssäulen in Berlin Hrn. Litfass oder wegen eines gewissen Schiller gesetzt, da er doch „Litfassstein" heissen soll?

An Herrn E. Litfaß.

Wenn Dich die Lästerzunge sticht,
So laß' es Dir zum Troste sagen:
Die schlechtsten Blumen sind es nicht,
Woran die Wespen nagen.

D. L.

---

sen und Getränke ist bestens gesorgt.

N. N.

Privatsachen, Besprechungen.

Es ist nicht mit Worten auszudrücken, welche Empfindungen sich seit einigen Tagen in meinem Herzen kundgeben. Wer so wie ich Gelegenheit hatte, die mir so lieb gewordene, sehr ehrenwerthe Familie Litfaß in ihrem häuslichen, geselligen und menschenfreundlichen Wirken kennen zu lernen die Ehre hatte, dem stehen die Thränen in den Augen, wenn man die schmählichen anonymen Angriffe auf Herrn Litfaß und sein uneigennütziges Vorhaben liest — ja man geht sogar so weit, die ganze Familie und was noch mehr sagen will, den treuen Haushund macht man mit zur Zielscheibe boshafter Witze. Heißt das etwa Dresdener Gastfreundschaft? Nein, das glaube ich nicht — denn als Gast ist doch Herr Litfaß mit Frau und Kindern hier in unserm freundlichen Blasewitz — dort fand derselbe die sogenannte Schillerlinde mit einer einfachen Aufschrift: „Schillerlinde" bezeichnet. Dies schien Herrn Litfaß für diesen großen unsterblichen Dichter zu einfach. Herr Litfaß hatte dabei die sehr edle Absicht, Alles aus seinen Mitteln zu beschaffen und die Einnahme den Armen und Hilfsbedürftigen zu übergeben, also hatte er gedacht und gethan. Aber Wehe! Herr Litfaß hat als guter Mensch auch etwas Menschliches gethan und das verzeihen Menschen nicht — und es giebt leider Menschen, welche ohne menschliche Fehler sind — und diese stellen sich als anonyme Richter auf — nun man sagt — ihre Handlungen bestimmen ihren Werth.

Leider war es schon zu spät, als mich Herr Litfaß von seinem Vorhaben in Kenntniß setzte, auch hatte ich keine so böse Meinung von der anonymen Tagespresse, aber sagen sollte ich als Freund und Bekannter: ich kenne die Welt, schreiben Sie „Schillerstein" und verschweigen Sie Ihren, mir ewig liebgewordenen Namen; aber leider, der Stein des Anstoßes war schon vollendet und alles im Druck so weit vorbereitet, daß mein wohlmeinender Rath zu spät gekommen wäre. — Nun, so rufe ich zu Ihrem Troste meinen Wahlspruch Ihnen aus Dresden zu:

Im Unglück selbst steckt noch ein Preis
Wenn man ihn nur zu finden weiß:

Soll denn dieser Litfaßstein denselben Zweck bekommen, als anfänglich die Berliner Anschlagssäulen hatten?

P.

Wird denn der Schillerverein gar nichts thun, um die angedrohte Verunzierung der Schillerlinde abzuwenden?

Gründung der Deutschen Schillerstiftung in Dresden 1859 und die Schillerlotterie von Friedrich Anton Serre

In jenem Jahr 1855, in dem überall des 50. Todestages Friedrich Schillers gedacht wurde, rief der Schriftsteller Julius Hammer in Dresden zur Gründung eines Vereins auf, der Künstler, Schriftsteller und Dichter in Not, bei Krankheit und im Alter finanziell unterstützen sollte. Seine Idee stieß – nicht zuletzt wegen des Namenspatrons Schiller, der dem sich politisch emanzipierenden Bürgertum als Freiheitssymbol schlechthin galt – auf breite Zustimmung. Die eigentliche Konstituierung der Stiftung fand jedoch erst im Oktober 1859 im Zwingerpavillon in Dresden statt. Weimar wurde zunächst Hauptsitz des Vereins. Am 9. Mai, Schillers Todestag, gründete sich in Dresden unter Vorsitz von Carl Gustav Carus eine Zweigstelle der Schillerstiftung. Friedrich Anton Serre, ein Dresdner Mäzen, war Mitglied. Doch die Einnahmen der Stiftung blieben zunächst bescheiden. Serre kam auf die Idee, die allgemeine Begeisterung für Schiller auszunutzen und stellte den Plan seiner Schillerlotterie vor. Am 7. April 1859 erhielt er die staatliche Erlaubnis für diese Lotterie.

Die Schillerlotterie

Der 70-jährige Serre stand vor der größten Herausforderung seines Lebens. Etwa 70.000 Briefe und 200.000 Rundschreiben verfasste das Serresche Lotteriebüro – eine unvorstellbare Zahl, wenn man bedenkt, dass damals noch kein Computer zur Verfügung stand. Einerseits mussten die Gewinne organisiert, andererseits der Losverkauf durchgeführt werden. In einem Aufruf schrieb Serre 1859: „Alle Gaben, auf deren reichlichen Zufluss man vertrauensvoll hofft, werden mit wärmsten Dank entgegengenommen."

Jedes Los ein Taler

Jedes Los wurde für einen Taler verkauft. Und jedes Los sollte gewinnen. Entgegen allen Erwartungen war der Zulauf an wertvollen Sachgaben und Geldspenden aus allen Teilen Deutschlands sehr hoch. Der Großherzog von Weimar stiftete als Hauptgewinn eine Villa bei Eisenach. Ölgemälde mit Schillers Porträt, Handschriften aus Schillers Werken, sieben Konzertflügel, 200 goldene und 1.000 silberne Taschenuhren, Teppiche, Jagdgewehre, eine Prachtausgabe des „Wilhelm Tell" – der Zustrom an Gaben für die Gewinne war enorm. Auch bekannte Persönlichkeiten wie Hans Christian Andersen, Friedrich Hebbel, Clara Schumann oder Franz Liszt sandten Geschenke. Die Nachfrage nach den Losen war so ungeheuer groß, dass zuletzt 135.000 Taler an die Geber zurückgesendet wurden, weil es nicht möglich war, in der gegebenen Zeit noch Gewinne zu beschaffen.

Geniale Gewinnziehung und die Neider

Nach den gebräuchlichen Methoden hätte die Ziehung der Gewinne ein Jahr oder länger gedauert. Serre schlug eine verblüffend einfache und zugleich legale Methode vor, die Ziehung in einer Viertelstunde zu erledigen. „Es wird nur ein Loos gezogen. Dieses Loos erhält nämlich den ersten, im Gewinn-Gegenstands-Verzeichnis unter Nr. 1 aufgeführten Gewinn, die darauf folgenden Loosnummern den zweiten und so fort." Am 10. November 1860 fand die öffentliche Ziehung statt. Den Hauptpreis, das Gartenhaus in Eisenach, gewinnt ein armer Müller aus Herford, ein Dorfschneider bei Pillnitz erhält einen wertvollen Konzertflügel. Fast kein einziger Großgewinn fiel an reiche Leute. Serre machte sich aber nicht nur Freunde mit seiner Lotterie. Kleingeister monierten die Mindestwerte der Gewinne, es gab sogar Gerichtsverfahren und Unterstellungen gegen Serre.

Logistische Meisterleistung

Wie sollten nun aber die Menschen ermitteln können, ob sie gewonnen hatten? Serre ließ für 30.000 Taler einen Katalog drucken, in dem jeder seinen Gewinn richtig finden konnte. 60.000 Gegenstände mussten in der Folgezeit nach ganz Deutschland und in alle Welt versandt werden. Unter Serres Leitung gelang es, binnen eines halben Jahres, allen Gewinnern ihren Gewinn zuzustellen. 1862 war eine der größten Lotterien aller Zeiten beendet. Ein Reingewinn von 454.740 Talern ist zu verzeichnen, 300.000 davon gingen an die Schillerstiftung - ein wahrhaft guter Grundstock für die Unterstützung Not leidender Künstler.
Serre selbst hat die immensen Anstrengungen der Lotterie nicht verkraftet. Unter Aufbietung letzter Kräfte trug er 1862 den korrekten Rechnungsabschluss der Öffentlichkeit vor. Am 5. März 1863 verstirbt er in seinem 75. Lebensjahr. Die Schillerlotterie wird in ihrer Art die einzigste weltweit bleiben.

Die restaurierten Medaillons von Friedrich Schiller und der „Gustel von Blasewitz", 2006

DIE MEDAILLONS

Es war ein wunderschöner Vormittag, als sich am 9. Mai 2006 eine kleine Feiergemeinde im Biergarten des Schillergartens zusammenfand. Die Kastanien standen in voller Blüte, der Morgen verströmte einen frischen, vielversprechenden Duft und das junge Grün reckte sich in der Maisonne einem wolkenlosen Himmel entgegen. Wenige Minuten zuvor hatte Prof. Ulrich Eißner von der Hochschule für Bildende Künste Dresden die Leiter von der hohen Gartenmauer genommen, an der nun rote Samtvorhänge zwei Medaillons verhüllten, die schon über 100 Jahre zum Schillergarten gehören und nach erfolgter Restaurierung an diesem 201. Todestag Friedrich Schillers eingeweiht werden sollten.

Wann die Geschichte dieser Porträt-Medaillons genau beginnt, die Schiller und die „Gustel von Blasewitz" zeigen, verliert sich im Dunkel der Zeit. Erstmalig zeugt im Jahr 1885 eine kleine Notiz einer Zeitung von der Existenz zweier Medaillons: „Im Gastzimmer selbst ist ein Medaillon der Gustel neben Schiller angebracht." Anders als bei der Schiller-Gedenksäule gibt es bisher keine Informationen darüber, wer diese Medaillons schuf und zu welchem Anlass sie im Schillergarten angebracht worden sind.

Einige Jahre später, 1891, fallen dem jungen Maler Ernst Barlach Medaillons auf, die er allerdings „erschreckend" findet. In einem Brief an seinen Freund schreibt er: „Eine Zeitlang war Blasewitz das Ziel unserer Nachmittagsausflüge, wir sitzen dann im Schillergarten – der übrigens mit einer erschreckenden Büste von Schiller und der berühmten Gustel geziert ist – trinken Kaffee und essen Käsekeulchen, ein landläufiges Gebäck. Dabei haben wir die belebte Elbe unmittelbar vor uns und am andern Ufer mit Tannenwälder überzogene Berge." Ob es sich bei Barlachs Schilderung um die Medaillons aus dem Gastzimmer handelt, von denen die Zeitung 1885 berichtete, bleibt unklar, ist aber anzunehmen. Ein Foto des Vereinszimmers im Schillergarten, dessen Datierung auf etwa 1920

Die Medaillons an der Gartenwand vor dem Spielplatz, 2006

Vereinsraum des Schillergartens um 1920, in den Ecken die Büsten von Schiller und der Gustel

lautet, zeigt die beiden Büsten in den Ecken des Zimmers neben Geweihen dekoriert, die wahrscheinlich an die Zeiten der Jagd im Blasewitzer Tännicht erinnern sollten.

Vielleicht sind die Medaillons, wie Barlach empfand, kein Zeugnis großen bildhauerischen Schaffens, vielleicht fehlte ihnen auch nur ein prominenter Fürsprecher, wie es Ernst Litfaß für die Schiller-Gedenksäule war – die Zeitungen der Folgejahre jedenfalls nehmen keine Notiz von Schillers und Gustels Gipsköpfen. Ende der 1970er Jahre, der Schillergarten gehörte damals der Städtischen Wohnungsgenossenschaft, wurde die Gartenmauer, an der sie sich befanden, durch Baumeister John geweißt, wobei die Medaillons einen türkisfarbenen Hintergrund erhielten, der auch heute wieder zu sehen ist. Dem „Kommunalen Wohnungsverband" wurde schon 1974 mitgeteilt, dass die „Reliefs von historischer und stadtgeschichtlicher Bedeutung und zusammen mit dem Denkstein von Litfaß eine Schiller-Gedenkstätte" darstellen. Im selben Jahr wurden sie auch in der Denkmalkartei erfasst und unter Schutz gestellt. 1992, als das Traditionslokal an der Elbe einen trostlosen Anblick der Verwahrlosung bot, war es um sie geschehen: Vandalen zerstörten die Bildnisse so gründlich, dass eine Wiederherstellung unmöglich wurde.

Alte Fotos, aus der Ferne aufgenommen und nur das der Gustel besonders scharf, waren alles, was Prof. Ulrich Eißner zur Verfügung hatte, um die Medaillons neu zu erschaffen. Im ersten Schritt fertigte er Tonköpfe an, die später durch einen Abguss in witterungsbeständigen Polymergips zu den endgültigen, 44 Zentimeter großen Büsten führten. Die Finanzierung der Restaurierung übernahm der „Beirat des Schillergartens zu Dresden-Blasewitz", der schon ein Jahr zuvor maßgeblich an der Restaurierung der Schiller-Gedenksäule beteiligt war. Fast vollzählig waren die Beiratsmitglieder dann auch an diesem schönen Maimorgen zur Einweihung der Medaillons erschienen, an dem auch zwei Vertreter des Marbacher Schiller-Geburtshauses begrüßt werden konnten. In einer kleinen Rede würdigte Matz Griebel, Stadtmuseumsdirektor i.R., die „Gustel" als Schillers Muse, die ihn während seiner Dresdner Zeit im Gasthaus bediente. Und als der Wind die roten Samtvorhänge lupfte, die Medaillons dahinter neugierig in die Sonne blinzelten und schließlich in ihrer ganzen wiedererlangten Schönheit zum Vorschein kamen, mag manchem vielleicht der Schillerspruch aus „Wilhelm Tell" in den Sinn gekommen sein: „Das Alte stürzt, es ändert sich die Zeit, Und neues Leben blüht aus den Ruinen."

Haus am Fluss – Der Schillergarten und die Elbe

Wenn die Gäste an einem lauen Sommerabend im Biergarten sitzen, sich mit Freunden treffen und Entspannung finden, dann denkt kaum einer daran, dass das Leben am Wasser zwei Seiten hat. Schon immer hatten Städte am Fluss eine ganz besondere Atmosphäre. Die Lebensader, als die der Fluss sie durchzieht, prägt die Stimmung, bringt bei schönem Wetter eine heitere Gelassenheit und bietet vielfältige Möglichkeiten der Entspannung. Doch ein Fluss ist Teil einer komplexen Natur, er ist nicht wirklich zu bändigen und Menschen, die nahe an ihm wohnen oder arbeiten, müssen mit ihrem Leben dem seinen Rechnung tragen.

Gerade ein reichliches Jahr waren die neuen Besitzer des Schillergartens, Frank Baumgürtel, Steffen Brasche und Thomas Jacob, im Haus, als sie im Frühjahr 2006 mit einem ernst zu nehmenden Hochwasser fertig werden mussten. 7,49 Meter Pegelstand bedeuteten für das Traditionslokal Ausnahmezustand und eine Woche Schließung. Dank rechtzeitiger Vorsorge mit Sandsackwällen, dem überlegten Einsatz von Pumpen und einsatzbereitem Personal konnte größerer Schaden abgewendet werden. Der Anblick des überfluteten Biergartens war dennoch wenig erbaulich, die im Schankraum gestapelten Sandsäcke mit ihrem muffigen Geruch, die den Auftrieb des Hauses unterbinden sollten, aber ein Zeichen der Hoffnung, die Lage unter Kontrolle zu haben. Für das Besitzerteam bedeutete dieses Hochwasser jedoch auch eine Standortbestimmung: Bis zu einem Pegelstand von 7,50 Meter wissen Sie nun, geschieht ihrem Schillergarten bei entsprechender Vorsorge nichts.

Das Jahrhunderthochwasser 2002 mit seinen 9,40 Metern Höchstpegelstand hatte das Haus schwer geschädigt und die vorherigen Eigentümer in größte Bedrängnis gebracht. Der Keller stand komplett unter Wasser einschließlich der darin befindlichen Haustechnik, 1,65 Meter Wasser und Schlamm im Erdgeschoss und ein völlig überfluteter Biergarten – das Haus glich einer Ruine, als sich die Elbe zurückgezogen hatte.

Etwas höher als 2006 war das Hochwasser im Januar 1920, ein Pegel von 7,77 Metern wurde erreicht. Das Wasser stieg und stieg, Regenfälle taten ihr übriges. Der Keller des Schillergartens war bis zur Decke überflutet, das Wasser stand bis weit in den Garten. Die Elbe führte jede Menge Treibholz mit, zahlreiche gefällte Baumstämme brachten die Holzsammler auf den Plan, die mit zahlreichen Kähnen versuchten, ihren Holzvorrat aufzubessern. Die Zeitungen zeigten wesentlich erhöhten Fremdenverkehr an, da viele Schaulustige den „grandiosen Anblick" sehen wollten. An den Tagen des Pegelhöchststandes um den 17. Januar 1920 herum passierten über 30.000 Menschen das Blaue Wunder, um das Hochwasser zu betrachten. Dem vorübergehenden Sinken des Pegels folgte ein weiteres Ansteigen, als die Wasserstände von Iser, Eger und Kleiner Elbe durch starke Regengüsse erneut stiegen. Am 17. Januar war der Schillergarten vollständig überschwemmt, Veranden und Musikpavillon standen im Wasser – dennoch war das Lokal offenbar geöffnet. Besonders gelitten hat während dieses Hochwassers die Stromversorgung des Hauses mit den Lichtleitungen im Garten, die die Tischlämpchen versorgten.

Schwere Hochwasser gab es auch in vielen anderen Jahren, so im April 1904, 1900, 1862 und natürlich 1845, was eines der schwersten Hochwasser der Elbe überhaupt war und in dem auch das goldene Brückenkreuz der Augustusbrücke in Dresden in den Fluten versank. 1799 rissen Wassermassen die Stützmauern des Schillergartens nieder und verwüsteten das Erdgeschoss. Auch ein Jahr, bevor Schiller nach Dresden kam, 1784, herrschte ein schweres Hochwasser und Eisgang auf der Elbe. Über die direkten Auswirkungen dieser Fluten auf den Schillergarten gibt es leider kaum Berichte, doch allein die Wasserhöhe gibt Aufschluss, wie es um das Lokal gestanden haben muss.

An Eisgang auf der Elbe kann sich so mancher heutige Besucher sicher noch erinnern, besonders das Treibeis wird den Brückenpfeilern und Schiffen gefährlich. Nur in sehr strengen und anhaltenden Wintern friert die Elbe vollständig zu. Am Pegel Dresden war dies letztmalig vom 31. Januar bis 6. März 1963 der Fall, davor auch 1954, 1947, 1929, 1902 und 1901. Mitunter betrug die Eisdicke 80 Zentimeter. Zwischen 1775 und 1900 zählte man insgesamt 35 Mal ein vollständiges Zufrieren. Der Strom durfte allerdings immer nur an

Hochwasser 2006, Bild mitte: Sandsäcke im Schankraum
Bild unten: Zugefrorene Elbe 1929

bestimmten Stellen überquert werden, so auch am Schillergarten. „Heute war die Brücke von hier nach Loschwitz zum ersten Mal passirbar. Allerdings hat sie keinen Bogen, hängt in keiner Kette, wird von keinen Pfeilern gestützt und keine Gemeinde hat einen Groschen dazu gegeben. Die Eisdecke des lieben Herrgott trägt hunderte Passanten und vom wohlgeheizten Café Schillergarten sieht sich das Landschaftsbild prächtig an", so der „Elbtalbote" vom 27. Januar 1887.

Das „Blaue Wunder"

Die Lohnwäscherin mit schwerem Wäschekorb, der Fleischer mit Schlachtvieh, die Milchverkäuferin mit Hundefuhrwerk und zahlreiche andere Händler aus Blasewitz und Loschwitz hatten bei Schnee und Sturm, Hitze und Regen keine Wahl: Sie mussten an das andere Elbufer. Die schwankende Fähre war ihre einzige Möglichkeit, wollten sie nicht weite Umwege über die Augustusbrücke in Dresden in Kauf nehmen. Bei Eisgang oder Hochwasser war eine Elbquerung freilich unmöglich, auch die später eingesetzte Dampffähre war den Wetterunbilden ausgesetzt – und so wurde er lauter, der Ruf nach einer Elbbrücke an dieser Stelle. Doch bis am 15. Juli 1893 die Loschwitzer-Blasewitzer Brücke, das „Blaues Wunder", unter großem Jubel eingeweiht werden konnte, war es ein langer Weg. Heute ein Wahrzeichen der Stadt Dresden wie die Frauenkirche, der Zwinger oder die Semperoper, war ihr lange gewünschter Bau zwischen 1891 und 1893 eine ingenieurtechnische Meisterleistung.

1872, also über 20 Jahre vor der Einweihung, wandte sich der Gemeindevorstand von Loschwitz mit dem Brückenwunsch an das Sächsische Innenministerium. Die Behörden zögerten, hielten sich zurück – doch dann einigte man sich auf eine eiserne, versteifte Hängebrücke nach dem Entwurf des Dresdner Geheimrates Dr.-Ing. Claus Köpcke. Strompfeilerlos, um den Anforderungen der immer stärker werdenden Schifffahrt gerecht zu werden, und mit einer Spannweite von 147 Metern. Die ansässigen Grundstückseigentümer witterten Morgenluft, versuchten noch die für die Brücke nötigen Grundstücke in ihrem Wert in die Höhe zu treiben, was zu monatelangen Verhandlungen führte. Doch am 28. April 1981 hieß es: „Wohl, nun kann der Bau beginnen!"

Pferdewagen karrten die tonnenschweren Eisenträger zum Bauplatz, italienische Spezialisten hatten zuvor Pfeiler, Steinrampen und Holzkonstruktionen erbaut, bevor die Träger in aufwendiger, schwerer Arbeit vernietet werden konnten. Das Gitterwerk aus Walzstahl kam aus der Königin-Marien-Hütte in Cainsdorf bei Zwickau, zum Schutz vor dem Rost strich man die Brücke zum Schluss mit blauer Farbe. Der ominöse Anstrich der Brücke, der sich im Laufe der Zeit verfärbt haben sollte, gehört ins Reich der Legenden.

Die Belastungsprobe am 11. Juli 1893 bestand das Wunderwerk mit Bravour: Dampfwalzen, mit Steinen beladene Pferdewagen, schwere Materialkarren, 150 Passanten und eine Kompanie des Dresdner Jägerbataillons ließen die Brücke sich lediglich wenige Millimeter bewegen. So wurde sie für den Verkehr freigegeben und bot den Ortsansässigen fortan so manche Erleichterung, für die sie den Brückenzoll wahrscheinlich gern in Kauf nahmen. Drei Pfennige für Erwachsene, zwei Pfennige für Kinder und zehn Pfennige für Fuhrwerke wurden kassiert, um das von den Gemeinden aufgenommene Darlehen zurückzahlen zu können. Erst 1921 mit der Eingemeindung von Blasewitz nach Dresden wurde der Brückenzoll abgeschafft. Aber auch Kritiker gab es, natürlich, sie fanden, dieser hässliche Stahlkoloss zerschneide das liebliche Elbtal und sei keine Zierde der Landschaft. Den Verkehrsstrom mit Pferdewagen, Kutschen, später Straßenbahnen und Autos konnte die Brücke jedoch bald schon nicht mehr aufnehmen. Karl Emil Scherz, prägender Baumeister und Architekt in Blasewitz, machte zum 40. Jubiläum der Brücke gar den Vorschlag, sie abzubrechen und dafür eine flachbögige Eisenbetonbrücke zu bauen. Doch dies blieb Vision, lediglich eine Verbreiterung zu beiden Seiten der Brücke fand 1935 statt, indem die Fußwege nach außen verlegt wurden. Viele Menschen werden sich noch an das Gefühl erinnern, über die Holzbohlen der Fußwege zu laufen, durch die Ritzen die Elbe unter sich zu sehen und leicht zu erschauern, wenn eine gelockerte Bohle den Boden unter den Füßen kurz wanken ließ.

Gefährlich wurde es für die Brücke in den letzten Kriegstagen, als sie offenbar gesprengt werden sollte. Dem Telegraphenarbeiter Paul Zickler ist es zu verdanken, dass dies nicht geschah. In beispiellos mutiger Weise – auf Sabotage drohte die standrechtliche Erschießung – zerschnitt er die bereits angebrachten Drähte und rettete die Brücke. Auch der Dresdner Emil Stöckl hatte offenbar gleiches vollbracht – eine Tafel für die beiden Retter am Brückenkopf zeugt noch heute von ihrer Tat. Am 8. Mai marschierten die Russen mit schwerem Gerät über das „Blaue Wunder" in die Stadt ein. Dem Halteverbot der Fahrzeuge im Brückenbereich sind ausbleibende und sonst übliche Plünderungen in den anliegenden Geschäften am Schillerplatz zu verdanken.

Heute ist das „Blaue Wunder" wichtiger Verkehrsknoten- und Elbquerungspunkt, der nicht nur die Stadtteile Blasewitz und Loschwitz verbindet. Seit 1985 für den Straßenbahnverkehr gesperrt, hat es so manchen Unkenrufen zum Trotz eine stählerne Gesundheit bewiesen und ist alltägliches Wunder in der lieblichen Elblandschaft, über dessen Schönheit keine Diskussion mehr geführt wird.

Paul Zickler, einer der Retter des „Blauen Wunders" im Zweiten Weltkrieg

Die Wirte und Besitzer

Die Geschichte der Besitzer, Pächter und Wirte des Schillergartens ist wechselvoll und spannend. Sie zeigt eindrucksvoll, dass der Erfolg einer Gastwirtschaft entscheidend von der Professionalität und der wirtschaftlichen Umsicht der Eigentümer und Wirte abhängt. Sie alle betrieben das Restaurant in der gleichen einzigartigen Lage an der Elbe, hatten schöne Sommer mit Biergartenwetter ... und dennoch war dem einen mehr, dem anderen weniger Erfolg beschieden. Zieht man über die Jahre Bilanz, so scheinen auf Dauer jene am erfolgreichsten gewesen zu sein, die Eigentümer und Wirt zugleich waren.

Mehrfach stand das Haus zur Zwangsversteigerung, gelegentlich blieb es geschlossen, bis sich ein neuer Besitzer oder Betreiber gefunden hatte. Die längste Schließungszeit in der fast 280-jährigen Geschichte des Hauses liegt noch nicht so lange zurück: Elf Jahre war der Schillergarten seit 1985 geschlossen, bevor er 1996 neu eröffnete. Häufig ist nicht klar, wer nur Wirt und Pächter oder auch Besitzer war, mitunter entsteht die Vermutung, dass der Schillergarten auch Spekulationsobjekt gewesen ist, das nach kurzer Zeit gewinnbringend verkauft wurde. Da viele Akten von Blasewitz im Zweiten Weltkrieg vernichtet wurden, kann die Historie des Hauses nur mit Lücken rekonstruiert werden.

Johann Peter und Karl Matthie ab 1704

Der alte Stubenheizer, Johann Peter Matthie, genannt Matthäi, erhielt 1704 von August dem Starken als Dank für seine Dienste ein Haus in Blasewitz mit „allen dependentien" und samt dem darauf „haftenden Bierschank" geschenkt. Es war das alte Vorwerk, das Magdalena Sybilla, Augusts Großmutter, 1670 von Nikolaus Karaz erworben hatte, um darin ein Forsthaus und eine Schenke einzurichten. August dankte mit der Schenkung nicht nur für das Stube heizen, sondern vor allem für Matthäis Rettung einer Briefkassette in der Schlacht bei Klissow während des Dritten Nordischen Krieges, an der Matthäi offenbar teilgenommen hat. Dies geht aus einer Akte des Geheimen Kabinetts des sächsischen Kurfürsten hervor, die Briefe von Matthäi an August den Starken und an das Geheime Kabinett sowie einige Antworten enthält. In dieser Schlacht im Juli 1702 unterlagen Polen und Sachsen erneut den Schweden, die die komplette sächsische Artillerie erbeuteten, ebenso den gesamten Tross mit Augusts Feldkassette mit 150.000 Reichstalern und sogar sein Silbergeschirr. Matthäis Heldentat wird in den Akten des Geheimen Kabinetts mehrfach erwähnt, wenngleich unklar bleibt, was die gerettete Kassette genau enthielt.

Bevor Matthäi tatsächlich Wirt in seinem Schenkhaus sein konnte, musste er noch zehn Jahre um sein Glück kämpfen. Zum einen lebte im Forsthaus noch Förster Zschimmer, der bis zum Bau eines neuen Forsthauses nicht ausziehen wollte und seinerseits in Briefen August den Starken um Gehaltserhöhung ersuchte, da er ja nunmehr die Vergünstigungen durch das Gut nicht mehr besäße. Erst 1709 konnte Matthäi mit Frau und Kindern tatsächlich in das Schenkhaus an der Elbe einziehen. Zum anderen lagen so viele Schulden auf dem Haus, dass Matthäi Angst und Bange für sich und seine Erben wurde und er August den Starken immer wieder um Schuldenerlass ersuchte. Mutigerweise verband er dies häufig mit der Bitte, auch alle zukünftigen Erben und Besitzer des Hauses von Abgaben zu befreien, was die Mitglieder des Geheimen Kabinetts offenbar unge-

Auszüge aus dem „Erb- und Befreiungsbrief"
von August dem Starken an Matthäi vom 29. Juni 1714

achtet der großen Verdienste Matthäis für unangemessen hielten. Doch August der Starke sah das anders und am 29. Juni 1714 war es endlich soweit: Matthäi erhielt seinen „Erb- und Befreiungsbrief". In dem fünfseitigen Dokument, unterzeichnet von August dem Starken und geschrieben von Oberhofmarschall Löwendal, werden Matthäi die Schulden erlassen und die Steuern auf ein niedriges Maß angesetzt – an dieser so genannten „Matthäischen Freiheit" hatten auch spätere Grundstücksbesitzer teil, die das Gasthofs- areal kauften. Matthäi konnte von nun an mit seinem freien Bierschank Geld verdienen.

Später vererbte er das Haus seinem Sohn Karl, der anbaute und 1730 noch „eine Nahrung an der Elbe" erwarb. Man geht davon aus, dass der heutige Schillergarten einen Teil dieses Gutes bildete. Das Jahr 1730 wird daher als das eigentliche Entstehungsjahr des Schillergartens betrachtet. Ob auch Karl das Schenkhaus weitervererbte, entzieht sich unserer Kenntnis, es ist nur nachgewiesen, dass es 1764 zur Zwangsversteigerung stand.

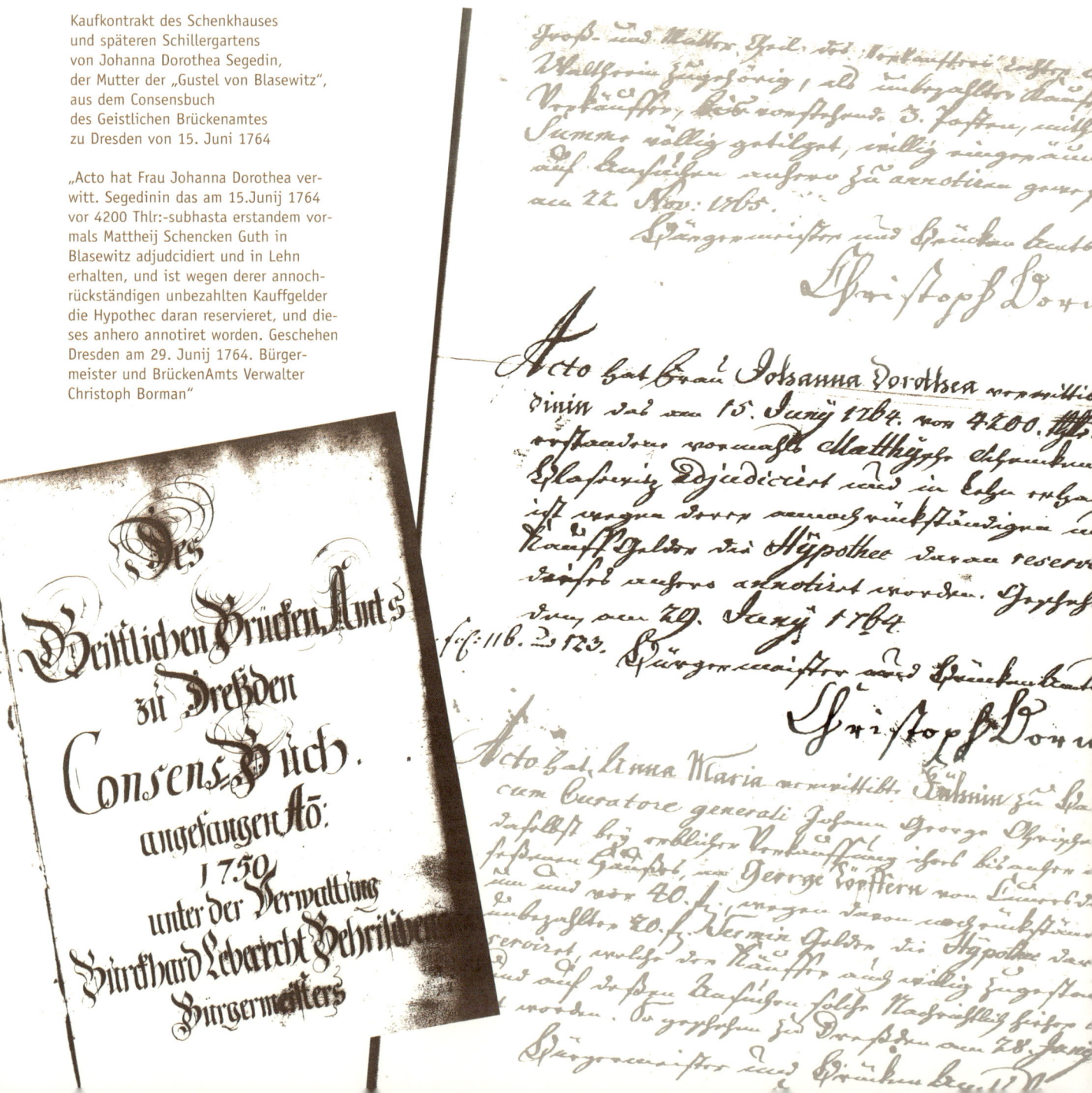

Kaufkontrakt des Schenkhauses und späteren Schillergartens von Johanna Dorothea Segedin, der Mutter der „Gustel von Blasewitz", aus dem Consensbuch des Geistlichen Brückenamtes zu Dresden von 15. Juni 1764

„Acto hat Frau Johanna Dorothea verwitt. Segedinin das am 15.Junij 1764 vor 4200 Thlr:-subhasta erstandem vormals Matthe ij Schencken Guth in Blasewitz adjudcidiert und in Lehn erhalten, und ist wegen derer annoch-rückständigen unbezahlten Kauffgelder die Hypothec daran reservieret, und dieses anhero annotiret worden. Geschehen Dresden am 29. Junij 1764. Bürgermeister und BrückenAmts Verwalter Christoph Borman"

Die Segedins 1764-1793

Die Witwe Johanna Dorothea Segedin, die Mutter der „Gustel von Blasewitz", die 1764 das zur Zwangsversteigerung stehende Gasthaus für 4.200 Taler erwarb, ist bis 1948 die einzige Frau im Reigen der Besitzer, Pächter und Wirte – und die langjährigste überhaupt. Sie besaß die Gastwirtschaft bis zu ihrem Tode 1791 fast 30 Jahre lang. Mit diesem Kauf wird auch die Trennung der bisher gemeinsamen Bewirtschaftung des Schenkhauses an der Elbe und des Gasthofes Blasewitz vollzogen. Sie wird im „Consensbuch des Geistlichen Brückenamtes zu Dresden" amtlich vom Bürgermeister besiegelt, und wie zu lesen ist, war der Vorbesitzer tatsächlich noch ein „Matthie", der das Gut offenbar nicht mehr hat halten können. Dieser Contract aus dem Consensbuch von 1764 kann als die Gründungsurkunde des heutigen Schillergartens angesehen werden.

Anfangs mag die Segedin noch mit ihrem Mann Karl Friedrich Fleischer selbst bedient haben, später zu Schillers Zeiten wurde sie von ihrer Tochter Johanne Justine, der „Gustel", unterstützt. Diese wird, als verheiratete Frau Senatorin Renner, nach dem Tod der Mutter für kurze Zeit ebenfalls Eigentümerin der „Fleischerschen Schenke", verkauft sie 1793 jedoch bereits an den Gatten ihrer älteren Schwester Johanne Frederike, den Ziegelmeister Hampe.

Besitzer und Wirte bis 1874

Bei einer Häuserzählung im Jahr 1812 wird als Besitzer des Schillergartenanwesens sowie des Gasthofs Blasewitz Heinrich Anton Grote genannt. Ob er auch der Wirt gewesen ist, bleibt unbekannt. Es war die Zeit um 1813, in denen Napoleonische Truppen im Blasewitzer Gasthof ein provisorisches Lazarett hatten, wie in den Lebenserinnerungen des Blasewitzer Malers Woldemar Hottenroth zu lesen ist. Napoleon selbst mag aus der Ferne das Schenkhaus an der Elbe gesehen haben, zumindest erzählt die Legende, er habe die Schlacht um Dresden von der jetzigen Zeppelinstraße 7 und heutigen Ardenne-Villa gegenüber auf dem Weißen Hirsch geleitet. Von einem Besuch des französischen Kaisers in Blasewitz oder gar im Schenkhaus ist hingegen nichts bekannt. Zwischen 1835 und 1861 wechselt das Schenkhaus drei Mal den Besitzer, möglicherweise hat auch das schlimme Hochwasser von 1845 das Haus so schwer geschädigt, dass es eine Zeit lang nicht bewirtschaftet wurde.

Wirt Robert Miersch betreibt das Traditionshaus von 1862 bis 1866, taucht später als Gastwirt des Gasthofs Blasewitz in den Adressbüchern auf. 1866 übernimmt Johanne Caroline Miersch, seine Frau, 1870 ein Conrad Valentin Rinaldo Miersch, der ein Sohn gewesen sein könnte. Dann tritt Lederfabrikant Robert Bierling auf den Plan und kauft für 16.000 Taler die Gastwirtschaft, die seit 1859 ja schon Schillergarten heißt. Die Bierlings waren seit Generationen eine weit verzweigte Familie von Gerbern und Gießern, entwickelten spezielle Lederarten für die Schuh- und Stiefelproduktionen und gründeten in der Nähe der heutigen Freiberger Straße 1848 eine Glockengießerei. Zahlreiche Kunstwerke in Dresden stammen aus ihrer Werkstatt, so das Reiterstandbild König Johanns vor der Semperoper, das Luther-Denkmal an der Frauenkirche oder der Gänsediebbrunnen in der Weißen Gasse. In der ganzen Welt läuten über 1.000 Bierling-Glocken, die für ihren weichen Anschlag des Klöppels bekannt sind. Auch die Glocken der Blasewitzer Kirche, die am 1. Juli 1917 das letzte Mal läuteten, bevor sie zu Kriegszwecken eingeschmolzen wurden, stammten aus den Werkstätten der Bierlings. Und einer dieser Bierlings kaufte eben den Schillergarten – wohl aber nur, um ihn zwei Jahre später äußerst gewinnbringend für 29.000 Taler an einen Mann zu veräußern, der sehr prägend für den Schillergarten wurde: Friedrich Louis Köhler.

Friedrich Louis Köhler 1874-1894

Friedrich Louis Köhler ist der Besitzer und Wirt, der nach Johanna Dorothea Segedin den Schillergarten am längsten besaß, ganze 20 Jahre lang. Im Mai 1849 geboren, arbeitete er nach ausgezeichneter Lehrzeit im Gastwirtsfach zunächst in Wien, dann Anfang der 1870er Jahre als Zahlkellner im Bahnhofsrestaurant in Bodenbach und kaufte im Februar 1874 nur 25-jährig von Bierling den Schillergarten.

Es war eine Zeit, in der Blasewitz am Beginn größerer Veränderungen stand. Nach und nach hatten Bauern ihr Ackerland, die Gehöfte und Grundstücke verkauft, es entstanden Sommersitze und Landhäuser wohlhabender Bürger, zunächst noch sehr planlos in verschiedenen Parzellen. Erst das Bauregulativ von 1863 und seine Erweiterung 1880 ermöglichte geordnetes Bauen und die systematische Anlage eines Villenvorortes für gehobene Ansprüche. Besondere Bedeutung kommt in dieser Zeit Regierungsrat Arthur Willibald Königsheim zu, der 1869 den Waldparkverein gründete. Sein Ziel war es, das ausgedehnte Waldgebiet des Blasewitzer Tännichts zu schützen und die angrenzenden Grundstücke zu verkaufen. Die Baupläne für die neuen Häuser und Villen erstellten teilweise bedeutende Architekten wie Julius Gräbner und Johannes Schilling (Schilling & Gräbner), Konstantin Lipsius, Karl Emil Scherz und Martin Pietzsch. 1874, in jenem Jahr also, in dem Louis Köhler den Schillergarten kaufte, entstand auf Initiative von Königsheim der Waldpark in Blasewitz, wo es noch heute Baumbestand aus dieser Zeit gibt. So nach und nach verlor Blasewitz gegen Ende des 19. Jahrhunderts seinen ländlichen Charakter und avancierte zu einem bevorzugten Wohnort. Gut möglich, dass Louis Köhler mit dem Schillergarten davon profitierte, dass sich hier wohlhabende Staatsbeamte, Kommerzienräte und Fabrikbesitzer niederließen. Auch die seit 1872 vom Schlossplatz nach Blasewitz fahrende Pferdebahn wird dazu beigetragen haben, dem Gasthaus an der Elbe „Touristen" zu bringen. Mit der Einweihung des „Blauen Wunders" 1893, die ebenfalls noch in die Wirtszeit von Louis Köhler fiel, hatte Blasewitz endgültig seinen ländlichen Charakter abgelegt, der Schillerplatz entwickelte sich mit völlig neuem Verkehrsaufkommen zu einem belebten Knotenpunkt.

Friedrich Louis Köhler als Wirt und Besitzer wird sachkundige Leitung des Schillergartens attestiert, der unter seiner Führung zu einem der beliebtesten Restaurants in Blasewitz und auch in Dresden avancierte. Sein unverwüstlicher Humor, seine Geschäftsgewandtheit und seine Schnelligkeit brachten ihm eine Beliebtheit auch in besseren Kreisen ein, derer sich ein Gastwirt damals nur selten zu rühmen vermochte. Dabei galt bei ihm das Motto: „Leben und leben lassen". Bereits zu seinem 10-jährigen Geschäftsjubiläum im April 1884 gratulierten ihm in einer kleinen Feierstunde die gerade anwesenden Gäste und eine Vielzahl Stammgäste auf das Herzlichste und wurden von ihm persönlich mit einem guten Glas Böhmisch, Bayrisch oder Bowle bewirtet. Musiker der Ehrlich'schen Kapelle spielten lustige Weisen, man ließ Wirt und Wirtin unter besten Glückwünschen hochleben. In jenem Jahr 1884 übrigens gab es „officielle Beschlüsse", Blasewitz und Striesen direkt mit Straßen zu verbinden. Auch dies dürfte dazu beigetragen haben, dass die romantisch an der Elbe gelegene Gastwirtschaft von Louis Köhler in der Folgezeit weitere Gäste aus den umliegenden Gegenden und Dresden bekam. Seit dem 15. Juli 1893 fuhr dann die elektrische Straßenbahn vom Schlossplatz nach Blasewitz und bald auch über das „Blaue Wunder".

Immer wieder inserierte Louis Köhler während seiner Wirtszeit in der örtlichen Presse und pries vorzügliche Küche und Keller an. An Feiertagen bot er besondere Frühstücks-, Mittags- und Abendspeisekarten – „Frühstücken gehen" ist also keine Erfindung der Neuzeit. Käsekäulchen, selbst gebackene Kuchen, aber auch Hummer, Krebse und Lachs waren während seiner Wirtszeit im Schillergarten auf der Speisekarte. Über die Käsekäulchen zu Zeiten Louis Köhler berichtet sogar der Maler Ernst Barlach, der einige

Plan von Dresden, Ausschnitt Blasewitz, 1873
Leserbrief in der „Sächsischen Dorfzeitung und Elbgaupresse" vom 28.8.1898

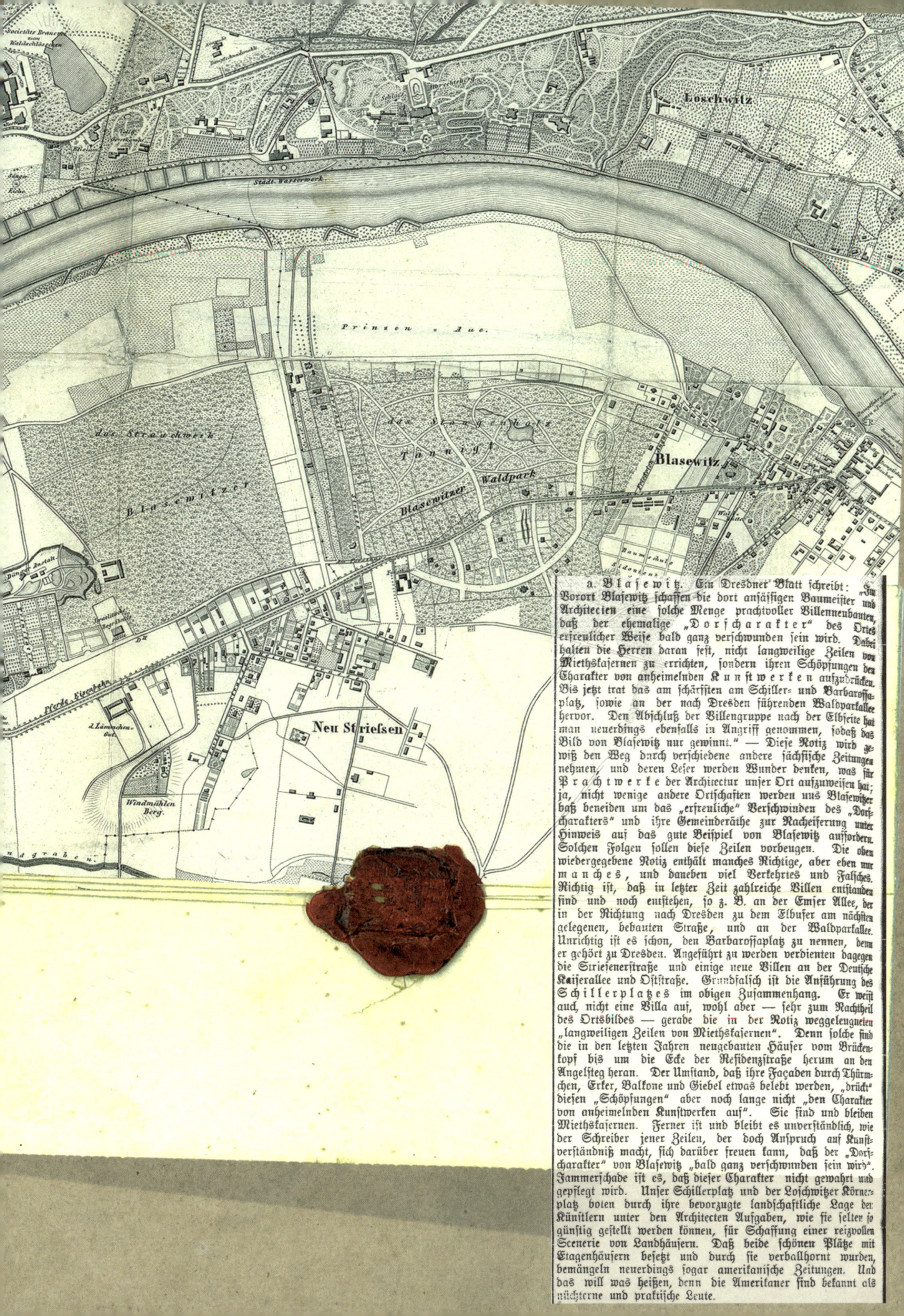

a. Blasewitz. Ein Dresdner Blatt schreibt: „Im Vorort Blasewitz schaffen die dort ansässigen Baumeister und Architecten eine solche Menge prachtvoller Villenneubauten, daß der ehemalige „Dorfcharakter" des Ortes erfreulicher Weise bald ganz verschwunden sein wird. Dabei halten die Herren daran fest, nicht langweilige Zeilen von Miethskasernen zu errichten, sondern ihren Schöpfungen den Charakter von anheimelnden Kunstwerken aufzudrücken. Bis jetzt trat das am schärfsten am Schiller- und Barbarossaplatz, sowie an der nach Dresden führenden Waldparkallee hervor. Den Abschluß der Villengruppe nach der Elbseite hat man neuerdings ebenfalls in Angriff genommen, sodaß das Bild von Blasewitz nur gewinnt." — Diese Notiz wird gewiß den Weg durch verschiedene andere sächsische Zeitungen nehmen, und deren Leser werden Wunder denken, was für Prachtwerke der Architectur unser Ort aufzuweisen hat; ja, nicht wenige andere Ortschaften werden uns Blasewitzer beneiden um das „erfreuliche" Verschwinden des „Dorfcharakters" und ihre Gemeinderäthe zur Nacheiferung unter Hinweis auf das gute Beispiel von Blasewitz auffordern. Solchen Folgen sollen diese Zeilen vorbeugen. Die oben wiedergegebene Notiz enthält manches Richtige, aber eben nur manches, und daneben viel Verkehrtes und Falsches. Richtig ist, daß in letzter Zeit zahlreiche Villen entstanden sind und noch entstehen, so z. B. an der Emser Allee, der in der Richtung nach Dresden zu dem Elbufer am nächsten gelegenen, bebauten Straße, und an der Waldparkallee. Unrichtig ist es schon, den Barbarossaplatz zu nennen, denn er gehört zu Dresden. Angeführt zu werden verdienten dagegen die Striesenerstraße und einige neue Villen an der Deutsche Kaiserallee und Oststraße. Grundfalsch ist die Anführung des Schillerplatzes im obigen Zusammenhang. Er weist auch nicht eine Villa auf, wohl aber — sehr zum Nachtheil des Ortsbildes — gerade die in der Notiz weggeleugneten „langweiligen Zeilen von Miethskasernen". Denn solche sind die in den letzten Jahren neugebauten Häuser vom Brückenkopf bis um die Ecke der Residenzstraße herum an den Angelsteg heran. Der Umstand, daß ihre Façaden durch Thürmchen, Erker, Balkone und Giebel etwas belebt werden, „drückt" diesen „Schöpfungen" aber noch lange nicht „den Charakter von anheimelnden Kunstwerken auf". Sie sind und bleiben Miethskasernen. Ferner ist und bleibt es unverständlich, wie der Schreiber jener Zeilen, der doch Anspruch auf Kunstverständniß macht, sich darüber freuen kann, daß der „Dorfcharakter" von Blasewitz „bald ganz verschwunden sein wird". Jammerschade ist es, daß dieser Charakter nicht gewahrt und gepflegt wird. Unser Schillerplatz und der Loschwitzer Körnerplatz boten durch ihre bevorzugte landschaftliche Lage der Künstlern unter den Architecten Aufgaben, wie sie selten so günstig gestellt werden können, für Schaffung einer reizvollen Scenerie von Landhäusern. Daß beide schönen Plätze mit Etagenhäusern besetzt und durch sie verballhornt wurden, bemängeln neuerdings sogar amerikanische Zeitungen. Und das will was heißen, denn die Amerikaner sind bekannt als nüchterne und praktische Leute.

Studienzeit in Blasewitz weilte, 1891 in einem Brief: „Eine Zeitlang war Blasewitz das Ziel unserer Nachmittagsausflüge, wir sitzen dann im Schillergarten – der übrigens mit einer erschreckenden Büste von Schiller und der berühmten Gustel geziert ist – trinken Kaffee und essen Käsekäulchen, ein landläufiges Gebäck."

Nach 20 Jahren Gastwirtsdasein verkaufte Louis Köhler den Schillergarten am 1. Januar 1894 für 180.000 Mark an den Kaufmann Herrmann Albin Lauterbach, den früheren Besitzer des Räcknitzer Stadtgutes, und zog sich, begleitet von den besten Wünschen seiner Gäste und Lieferanten, erst fünfundvierzigjährig ins Privatleben zurück. Darin war ihm allerdings nicht viel Glück beschieden, er ließ sich auf Grundstücksspekulationen ein, die häufig nicht den erwarteten Gewinn brachten. Ob der 1897 getätigte Kauf des dem Schillergarten gegenüberliegenden Hauses darunter zählt, ist nicht bekannt. Bereits 1890, in der Planungsphase dieser Häuserzeile durch Baumeister Karl Emil Scherz und noch während seines Schillergartenbesitzes, lässt sich Louis Köhler für dieses Haus vormerken. Später betreibt er eine Zeit lang darin eine Kaffeerösterei mit Kaffee-Ausschank, die er 1906 an den Konditormeister Hugo Zimmermann übergibt. Der erweitert um eine kleine Backstube und nennt das Etablissement als Referenz an die damals sehr beliebte Kronprinzessin Luise „Toscana".

Louis Köhler hatte sich im Laufe der Jahre aufgrund der vielen Probleme ein Nervenleiden zugezogen, zu dem noch ein „Augenübel" hinzukam. Davon konnte er sich nicht wieder erholen und verstarb 1909 nur sechzigjährig in seinem Haus am Körnerplatz in Loschwitz.

Bild links:
Im Biergarten des Schillergartens um 1870, Fotografie von August Kotzsch
Bild rechts: Wirt Louis Köhler (im Fenster li.) mit seinen Mitarbeitern, etwa 1892

Wechselvolle Jahre 1894-1948

Die Jahre nach Louis Köhler im Schillergarten sind geprägt von häufigem Wirts- und Besitzerwechsel.

Wirt Emil Walther gibt – wie er annonciert – nach einem halben Jahr wegen unerschwinglicher Pacht auf, der folgende Fritz Krüger hält die Gastwirtschaft ebenfalls nicht lange, dann steht sie zur Zwangsversteigerung, die am 28. April 1904 stattfindet. „Der zweite Hypothekar, Herr Major Gamm, welcher mit 200.000 Mark beteiligt ist, hat das Restaurant zum Preise von 125.000 Mark erstanden", schreibt die „Sächsische Dorfzeitung und Elbgaupresse". Eine Weile ist das Lokal noch offen, am 7. Juli 1904 schließt es für einen Monat. Dann übernimmt es William Weise, der früher die Loschwitzhöhe betrieb. Er bleibt immerhin vier Jahre, bevor Bruno Wendler, ehemaliger Wirt der Waldschlößchen-Terrassen, ein einjähriges Gastspiel gibt und der Schillergarten dann im November 1909 an das Gastwirtsehepaar Conrad Siegert übergeht. Die Siegerts betrieben vormals den Ratskeller Pieschen. Im Grundbuch ist von Juni 1904 bis März 1926 als Besitzerin Sidonie von Gamm, eine geborene Lauterbach, eingetragen.

Für ein Jahr betreibt Franz Walenta 1914 das Haus, 1915 beginnt Robert Lindner sein Gastwirtsdasein, dessen Sohn noch bis in die 1950er Jahre das Kino betreiben wird. Große Besorgnis gab es 1922 unter der Blasewitzer Bevölkerung. Nachdem bereits der Goethegarten an einen Kerzenfabrikanten verkauft worden war, hatte ein „Interessent aus der Tschechoslowakei" den Schillergarten gekauft und wollte aus ihm eine Hutfabrik machen. Doch offenbar war den Stadtoberen dies dann doch zu suspekt, Ende November 1922 war der Spuk vorbei, der Schillergarten blieb Restaurant und in den Händen der Lindners. Im März 1926 fällt das Haus an die Stadtgemeinde Dresden, nach dem Tod Robert Lindners 1927 führte seine Witwe Ida das Restaurant noch eine Zeit lang mit den Söhnen Erich und Kurt. Zwei Eintragungen im Grundbuch zeigen, dass die Familien von Gamm mit dem Eigentumswechsel offenbar nicht einverstanden waren, ihr Widerspruch allerdings wurde 1936 gelöscht. Egon Stahl war bis 1945 der Wirt.

Doch dann beginnt eine neue, solide Ära im Hause Schillergarten, in der das Traditionslokal glanzvolle Zeiten erlebt – im Jahr 1948 übernimmt ein Ehepaar das Haus, das zwar nicht 20 Jahre wie Louis Köhler tätig sein konnte, aber mindestens genauso erfolgreich war: Sonja und Claus Bongers.

Die über 200-jährige blühende Myrthe mit Wirt Naumann, 1899

Der Widerspenstigen Zähmung

Die Eingemeindung von Blasewitz 1921

Es war kein Aprilscherz: Am 1. April 1921 verlor Blasewitz seine Selbständigkeit und wurde nach Dresden zwangseingemeindet. Es war auch keine heitere Komödie, wie das gleichnamige Shakespeare-Stück, sondern eher eine Tragödie für die Einwohner, die an dem Tag ihre Häuser mit schwarzen Flaggen Trauer tragen ließen.

Vorausgegangen war ein jahrzehntelanger Kampf der Gemeinde gegen das übermächtige Dresden, das zum Schluss doch gewann. Bereits 1893, fast 30 Jahre vor der tatsächlichen Eingemeindung, weigerte sich Dresden, Blasewitz mit Leitungswasser zu versorgen. Ein eigenes Wasserwerk am Vogesenweg war die Antwort der Blasewitzer. Aus einem 20 Meter tiefen Brunnen drückte eine Pumpe das Wasser ab 1895 in die Leitungen. Als Dresden verhinderte, dass Blasewitzer Kinder in Dresdner Gymnasien aufgenommen wurden, baute die Gemeinde unter großer Anstrengung eine „Höhere Schule", das heutige Martin-Andersen-Nexö-Gymnasium und behielt weiterhin seine Unabhängigkeit. Die damals viertreichste Gemeinde Sachsens wollte ihr hohes Steueraufkommen hüten und vor allem die Bestimmungsrechte im Ort wahren.

Einer der schärfsten Gegner der Eingemeindung war der Blasewitzer Architekt Karl Emil Scherz. Am 23. Januar 1903 schrieb er an Professor Schumann, den Redakteur des Dresdner Anzeigers: „Da in Blasewitz für eine Einverleibung nicht die geringste Aussicht vorhanden ist und unser friedlicher Ort neben der Großstadt wohl existieren kann und wird, so ersuche ich Sie höflichst, von Ihren egoistischen Bestrebungen abzustehen und uns in Frieden leben zu lassen." Am 17. Januar 1921 richteten die Blasewitzer eine scharfe Petition an den sächsischen Landtag. Sie warfen dem damaligen Oberbürgermeister Bernhard Blüher vor, entgegen dem Inhalt aller Gutachten und dem Wortlaut der Gesetze zu handeln. Eine Einwohnerabstimmung hatte ein überwältigendes Ergebnis gezeigt: 6562 Ablehnungen und nur 483 Zustimmungen zur Eingemeindung.

Doch es half alles nichts. Neben Blasewitz wurden 1921 auch Loschwitz und Weißer Hirsch zwangseingemeindet, ebenso wie weitere 20 Gemeinden. Dresden feierte dies wie eine gewonnene Schlacht, städtische Gebäude und Schulen trugen Flaggenschmuck.
Shakespeares „Zähmung der Widerspenstigen" endet mit einem Monolog der vormals Widerspenstigen, in dem sie ein Loblied auf die Unterwürfigkeit singen. Von den Blasewitzern ist dies nicht bekannt. Wenigstens einen Vorteil spürten die Blasewitzer jedoch schnell: Ab 1. April 1921 herrschte „Brückenfreiheit", der Brückenzoll auf dem „Blauen Wunder" war abgeschafft und die Brücke konnte frei passiert werden.

Blick auf Blasewitz

*...agelied eines Blasewitzers (Julius Leonhardi,
...er von Woldemar Leonhardi, des ersten Pfarrers
... Heilig-Geist-Kirchgemeinde Blasewitz)*

O Blasewitz, o Blasewitz!
Wo bleibt Deine Idylle?
Einst aller Müden Ruhesitz
Gemütlich, friedlich, stille,
Machst Du jetzt schrecklichen Radau
An Deiner Brücke himmelblau,
Bald mit, bald ohne Pferden!
S'ist zum Elektrisch werden.

O Schillerplatz, fürwahr Du hast
Vom Schiller keine Ader!
Auch ohne Schiller spielt man fast
Hier jeden Tag Theater.
Es balgt das liebe Publikum
An Deinen Wagen sich herum
Bis sich die bessern Seelen
Für immer Dir empfehlen.

O Blasewitz, o Blasewitz,
Du wirst's noch so weit treiben,
Daß sie Dich ohne lang Gefitz
Nach Dresden einverleiben.
Halb und halb großstädtisch schon
Zahlst Du dann zum bittern Lohn
Ich kann es Dir betheuern –
Noch dreimal so viel Steuern.

Herrn Prof. Dr. Schumann,
Redakteur des Dresdner Anzeigers.

Sie erfüllen schlechten Vorpostendienst für den „Dresdner Anzeiger" (Stiftung des verstorbenen Dr. Güntz), daß Sie Ihre Stellung dazu benutzen, uns Blasewitzer fortwährend mit der Einverleibungsfrage zu belästigen. Sie verursachen damit nur Streit und Zwietracht. – In Ihrem heutigen Artikel des „Dresdner Anzeigers" geben Sie Bericht über Ihre einberufene und verunglückte Versammlung und erwecken darin den Schein, als wenn in unserem friedlichen Blasewitz Zustände herrschten, welche eine Einverleibung dringend notwendig machen. Als einer der ältesten und treuesten Bewohner von Blasewitz will ich hiermit ausdrücklich bemerken, daß unsere Gemeindeverwaltung und unsere Wohlfahrtseinrichtungen als mustergiltig und gesund allgemein anerkannt sind und vielen anderen Verwaltungen in Bezug auf sparsame Finanzwirtschaft als Muster dienen können.

Da in Blasewitz für eine Einverleibung nicht die geringste Aussicht vorhanden ist und unser friedlicher Ort neben der Großstadt wohl existieren kann und wird, so ersuche ich Sie höflichst, von Ihren egoistischen Bestrebungen abzustehen und uns in Frieden leben zu lassen.

K. E. Scherz, Baumeister,
Mitglied des Gemeinderates,
des Schulvorstandes und des Kirchenvorstandes.

Offener Brief von Karl Emil Scherz an den Redakteur des Dresdner Anzeigers, veröffentlicht in der „Sächsischen Dorfzeitung und Elbgaupresse" am 23.1.1903

Sonja und Claus Bongers 1948-1960

Von 1948 an bis 1960 war das Gastwirtsehepaar Bongers Pächter des Schillergartens. Es brachte das Lokal zur vollen Blüte und führte es über die zwölf Jahre äußerst erfolgreich. Viele Innenstadtlokale waren noch zerstört, doch die Menschen sehnten sich nach einer intakten Welt, die sie hier in Blasewitz wenigstens zum Teil noch finden konnten. So strömten sie von überall her in den Schillergarten, der nicht nur Dank Claus Bongers umtriebiger Gastronomieideen angesagt war, sondern auch wegen der sich etablierenden Tanzveranstaltungen. Der Beginn der Bongers als private Pächter in der Nachkriegszeit war mutig, ihr unfreiwilliger Abschied im Oktober 1960 persönlich wie auch für den Schillergarten eine Tragödie.

Sonja Bongers schildert in einem langen Brief im Jahre 1994 ihre Erinnerungen:

„Im Jahr 1948 pachteten wir einen völlig abgewirtschafteten Schillergarten von der Stadt Dresden. In einer Zeit, in der es kaum etwas zu essen gab, war man froh, einen privaten Gastronomen gefunden zu haben, der dieses traditionsreiche Lokal wieder aufbauen wollte. Die Mitarbeiter für Küche und Service wurden persönlich ausgesucht, Kontakte zu Künstlern wieder aktiviert, Verbindungen zu guten Lieferanten aufgebaut. In aller Herrgottsfrühe fuhr mein Mann Claus aufs Land, um bei den Bauern Kartoffeln, Gemüse und Fleisch zu organisieren. Mit seinem blauen Opel Kapitän war er bekannt wie der berühmte bunte Hund.

Eine gute Küche und vor allem die Musik machten den Schillergarten schnell zum beliebtesten Lokal in und um Dresden. ... Mit der Eröffnung der Clabo-Bar 1952 – das Mobiliar wurde auf verrückteste Weise organisiert – ging es dann richtig los. Alles, was Rang und Namen hatte, traf sich hier. Die Schauspieler vom Apollo-Theater waren Stammgäste, im Bräustübl trafen sich die Geschäftsleute zum Feierabend-Bierchen. Im Fasching dekorierten die Studenten der Kunsthochschule die Räume. ... An den normalen Wochenenden standen die Leute oft schon um 16 Uhr bis zum Schillerplatz an, um pünktlich 18 Uhr im Lokal zu sein.

Mit unseren 40 Angestellten hatten wir ein gutes, familiäres Verhältnis. Aber Erfolg bringt Neider auf den Plan. Als privater Pächter waren wir der politischen Führung ein Dorn im Auge. Mit Schikanen – Steuerfahndung, Gesundheitsamt usw. – wollte man uns aus dem Schillergarten vertreiben. Da diese Maßnahmen nichts brachten, griff man zu anderen Mitteln. Mein Mann sollte als ‚Informant' arbeiten. Als er sich weigerte, wurde er Mitte Oktober 1960 früh morgens im Schillergarten verhaftet und ins Waldschlößchen gebracht. Nach drei Tagen wurde er mit dem Hinweis, sich am Montag wieder einzufinden, ins Wochenende entlassen. Da wir ahnten, was folgen würde, fuhren wir am Sonntag nach Berlin, ließen den Wagen in der Friedrichstraße stehen und fuhren mit der S-Bahn nach Westberlin ins Aufnahmelager. Wie wir später von Freunden erfuhren, wurde am Montag am Schillergarten schon das HO-Schild angebracht. Wir haben den Schillergarten als ein wirtschaftlich gesundes Unternehmen dem Staat quasi geschenkt. Erst mit der Übernahme der HO ging es bergab."

Bilder linke Seite: Der Schillergarten Anfang der 1950er Jahre
Sonja und Claus Bongers beim Eröffnungstanz in der „Clabo-Bar", 1952

Planübererfüllung im Kollektiv 1961-1985

Als das Gastwirts- und Pächterehepaar Bongers im Herbst 1960 mit seiner Entscheidung für die Freiheit den Schillergarten zurückließ, war der Weg für seine Übernahme durch die staatliche Handelsorganisation (HO) zwar frei, doch noch nicht geebnet. Der Schillergarten gehörte nun allen, was Volkseigentum hieß und implizierte, dass so recht niemand Verantwortung trug. Doch wenn es schon keinen Wirt mehr gab, musste wenigstens eine geeignete Gaststättenleitung – so die damalige Bezeichnung – her, um das beliebte Restaurant weiterhin zu betreiben. Im Frühjahr 1961 war sie gefunden: Ilse Mannhaupt, seit ihrem 18. Lebensjahr in der Gastronomie, vormals Leiterin des Ratskellers Loschwitz, der Loschwitzhöhe und des „Aktivist" an der Zwinglistraße, übernahm den Schillergarten. Das Personal wurde von der HO aus verschiedenen anderen Restaurants abgezogen und in Blasewitz eingesetzt. Ilse Mannhaupt schmiedete ein Team, das man „Kollektiv" nannte und von dem sie noch heute schwärmt. Für guten Umsatz gab's Provisionen, für alle dieselben. Noch jahrelang blieb der Schillergarten eine stadtweit beliebte Tanzgaststätte mit Live-Musik, in der man fast täglich bis drei Uhr morgens tanzen konnte.

Mit zwei Bars, einer großen Glasveranda und dem „Bräustübl" links neben der Toreinfahrt leistete das Restaurant einen hervorragenden Beitrag zur „Versorgung der Bevölkerung", auch das Verkaufspersonal der Geschäfte und Ärztehäuser am Schillerplatz konnte sich ein preiswertes Mittagessen abholen kommen. Dank der großen Anziehungskraft des Lokals und der verständlichen Sehnsucht nach Entspannung und Tanz zu diesen Zeiten erfüllte Ilse Mannhaupt die staatlichen Planvorgaben nicht nur, sie „übererfüllte" den Plan sogar. Durch viel Eigeninitiative senkte sie die erlaubten Kosten und machte „Gewinn". Ein wenig Marktwirtschaft fast, die ihr mehrfache Auszeichnungen als „Aktivist der sozialisti-

Der Schillergarten 1980

schen Arbeit" bescherte. An Versorgungslücken erinnert sie sich nicht – die aller zwei bis drei Tage neu geschriebenen Speisekarten lassen aber wohl annehmen, dass auf den Restauranttischen landete, was es gerade gab. Nach fast 20 Jahren als Gaststättenleiterin kündigt sie aus persönlichen Gründen zum Jahresende 1980 und hat den Schillergarten seither nie wieder betreten.

Der Weg bis zur Schließung dauerte nur noch ganze fünf Jahre. Ulla Jüdefeind, die Gaststättenleiterin dieser Zeit, kämpfte in dem baufälligen Haus gegen Windmühlenflügel und ein zerfallendes Gesellschaftssystem. Zu wenig Personal, keine Reinigungskräfte, Versorgungsengpässe waren ihr Alltag. Kaninchenbraten und ein mickriges Dessert mussten einmal ein Silvestermenü retten, als Honecker Devisen sparte und den Import von Ananas und Orangen verbot. Und im Winter, da schaufelten Ulla Jüdefeind und die Kellner der Frühschicht erst einmal den Schnee vom Kohlenberg im Biergarten und heizten die zahlreichen Öfen des Hauses, bevor sie den Abwasch der vergangenen Nacht erledigten, von Hand, versteht sich – kein Wunder, dass für wirkliches Wirts-Dasein keine Zeit blieb. 1985 schließlich wurden die Bierhähne abgedreht, das Licht ausgeknipst und die Türen verriegelt – das Traditionslokal war nach über 250 Jahren zum ersten Mal für längere Zeit geschlossen. Für Ulla Jüdefeind letztlich eine Erleichterung, unter diesen Umständen hätte sie nicht mehr lange weiterarbeiten können. Sitzt sie heute in „ihrem" Schillergarten, denkt sie so manches Mal an die schwierigen Zeiten zurück und freut sich um so mehr über das wieder erblühte Haus.

Im Jahre 1990, nach über 30 Jahren, betraten die Bongers erstmalig wieder ihre frühere Wirkungsstätte. „Der Zustand trieb uns die Tränen in die Augen", erinnert sich Sonja Bongers. Das Gebäude verfallen, der Garten verwildert, die HO und das marode wirtschaftliche System hatten das Glanzlokal von einst gänzlich heruntergewirtschaftet.

Bild oben:
Die Küche des
Schillergartens
1991

ZWISCHEN ZWEI WASSERN 1991-2002

Wasser im Keller, die Räume voller Müll von zwielichtigen Gestalten, die hier ihr Lager hatten, in der Küche noch die alte Kücheneinrichtung der HO, der Biergarten verwahrlost – so erlebt Karin Trommler mit ihren Geschäftspartnern Manfred Braun und Frank Thelen 1991 den Schillergarten. Doch in ihren Träumen sieht sie schon die Gäste in den renovierten Räumen speisen, die Tanzkapellen spielen und das traditionsreiche Haus in seiner einzigartigen Lage wieder erblühen. Der Weg bis dahin ist weit: Entrümpelung, Planung sowie die umfangreiche Sanierung der denkmalgeschützten Ruine dauern Jahre. Einmal blickt Karin Trommler mit dem Architekten vom Loschwitzer Elbufer hinüber zum Schillergarten und sie besprechen das Thema Hochwasser, das bei der neuen Planung ausreichend berücksichtigt scheint – nicht ahnend, dass es nur wenige Jahre dauern sollte, bis ihr Schillergarten vom Jahrhunderthochwasser 2002 fast weggespült werden würde.

Die Erwartungen der Gäste, von denen viele den „alten" Schillergarten noch kennen, sind hoch, als er am 25. März 1996 neu eröffnet. Die Eigentümergemeinschaft steht eher im

Hintergrund, als die Wirte Rolf Marsch und Manfred Hoffmann die vielbeachtete Eröffnungsparty feiern. Deren Konzept: Synthese von Historischem und Neuem, volkstümliche Gastronomie, keine „schnickischnacki-Gerichte", wie Marsch in einem Zeitungsartikel betont. „Der neue alte Schillergarten soll keinesfalls die Nostalgie der Nachkriegszeit wieder zum Leben erwecken. Auch verklärte Plüschromantik ist nicht unser Ziel und würde den Dresdnern sicher nicht gefallen", heißt es. Doch bereits bei der Eröffnungsfeier gibt es Stimmen, die feststellen: „Der alte Schillergarten ist es nicht". Das Menü kleiner Häppchen konnte nicht überzeugen und zog sich endlos, Getränke wurden sofort abkassiert – und dies, obwohl für die Einladung 120 Mark zu zahlen waren – außer Köstritzer gab es kein heimisches Bier, weil sich zu jener Zeit noch keine ansässige Brauerei interessiert hatte. Noch überwiegt jedoch die Hoffnung, alles werde gut. Galas soll es im Haus geben, Single-Schwof und Tanztee, so planen die Pächter, denen die Eigentümergemeinschaft freie Hand lässt.

Bereits wenige Monate nach Eröffnung, im Oktober 1996, kommt es zu Problemen. Laut Zeitungsberichten liegen die Wirte mit ihren Verpflichtungen in Verzug, harmonieren in Personalfragen recht wenig miteinander und werden ihrer Probleme nicht Herr. Der Eigentümergemeinschaft bleibt nichts anderes übrig, als ihnen zu kündigen, fürchten sie doch um den guten Ruf des Hauses. Doch einer der alten Wirte, Hoffmann, wird mit seiner Lebensgefährtin Karin Burghardt auch der neue Pächter. Karin Burghardt war eine exzellente Gastronomin und Manfred Hoffmann ein guter Koch und Konditor – doch Marsch kämpft um sein Mitbesitzerrecht. Dem Schillergarten tun die in der Presse öffentlich gemachten Querelen der Wirte keinesfalls gut, der Ruf leidet immens. „Keine Ruhe im Schillergarten", „Streit um Pachtvertrag spitzt sich zu", „Wann gehen die Lichter im Schillergarten aus" sind Schlagzeilen der Dresdner Zeitungen. Karin Trommler, als Miteigentümerin eigentlich nicht in der Öffentlichkeit, ist nun fast jeden Tag im Restaurant, so oft, dass sie fast als Wirtin wahrgenommen wird. Doch die Fußstapfen der Johanna Dorothea Segedin, die von 1764 an den Schillergarten fast 30 Jahre lang führte, sind zu groß und von ihr auch gar nicht gewollt.

Zum 1. Januar 1998 übernimmt ein neuer Pächter, Thomas Rieß, den Schillergarten. Von da an gibt es auch wieder ein Dresdner Bier, Feldschlößchen, doch die logistischen Probleme der Biergartenversorgung bleiben bestehen. Das alte Kino blieb unsanierter, baufälliger Schandfleck und gehörte damals nicht zum Eigentum des Schillergartens. Kein Wunder, wenn wenig bierselige und entspannte Atmosphäre im Garten entstand.

Als die Jahrhundertflut 2002 ihr Wasser in das Lokal an der Elbe spült, letztlich das Erdgeschoss 1,65 Meter unter Wasser setzt, löste sich Karin Trommlers Traum in selbigem auf. Das Lokal bleibt geschlossen, und während des von vielen bereits wieder vergessenen Hochwassers vom Januar 2003 steht sie allein bei minus 17 Grad Außentemperatur im Keller, der – wie bei ihrem ersten Besuch – unter Wasser steht. Fast allein, denn ein Besuch bringt ein Gespräch wieder ins Rollen, das 2001 schon begonnen hatte: Frank Baumgürtel und Steffen Brasche, zwei der heutigen Besitzer, wollten sich an jenem Abend im Januar 2003 ein Bild vom Hochwasser am Schillergarten machen, der ihnen von Karin Trommler zur Pacht angeboten worden war. Ihre Begegnung in diesen Stunden wird den Verlauf der Dinge später prägen, ihr Zusammentreffen an diesem denkwürdigen Hochwasserabend schien ein Schicksalswink.

Der Eigentümergemeinschaft bleibt, finanziell angeschlagen, vom Hochwasser ertränkt und von Pächtern enttäuscht, 2003 letztlich nur der Verkauf. Verbittert ist Karin Trommler dennoch nicht. Sie gönnt den jetzigen Eigentümern den Erfolg, den sie damals erhoffte, selbst zu haben, und ist hin und wieder zu Gast in „ihrem" früheren Schillergarten.

Frank Baumgürtel, Steffen Brasche, Thomas Jacob ab 2003

„Was wir als Schönheit hier empfunden, wird bald als Wahrheit uns entgegen gehen." – Eine gelbe Bauplane am Haus mit dem Spruch aus Schillers Gedicht „Die Künstler" war im März 2004 das Achtungszeichen, das von einem Neubeginn im Schillergarten kündete.

Frank Baumgürtel, Steffen Brasche und Thomas Jacob, die sich schon seit Abiturzeiten kennen und von 1997 bis 2004 mit großem Erfolg das „Brauhaus am Waldschlößchen" betrieben, träumten schon früh davon, irgendwann einmal nicht nur Pächter, sondern auch Eigentümer eines schönen Restaurants zu sein. Schön war der Schillergarten im Jahr 2003 nun gerade nicht, als sie ihn samt Grundstück kauften – genau genommen war er eine Ruine weitab von der Schönheit, die der Schillerspruch bedichtete. Doch für die drei war der Kauf des Hauses die Chance ihres Lebens – gleichwie er auch für den traditionsreichen Schillergarten eine neue, aussichtsreiche Zukunft bedeutete.

Die Geschichte der drei Eigentümer, von denen Frank Baumgürtel wohl am meisten in der Öffentlichkeit wahrgenommen wird, ist bis heute eine jener Nach-Wende-Erfolgsgeschichten, die von genutzten Chancen in einer Aufbruchszeit erzählt, die Ideenreichtum und Kreativität in Menschen freisetzt. Zugegeben, die Chancen waren zahlreich, die Frank Baumgürtel erhielt. Doch bei Lebensgabelungen ist es immer die Entscheidung des Einzelnen, den einen oder den anderen Weg zu gehen. Und Frank Baumgürtel ging instinktiv meist den richtigen. Dort, wo er den falschen Abzweig nahm, blieb reichlich Erfahrung zurück, unabdingbar wichtig für spätere Entscheidungen.

Bereits während seines Studiums arbeitete er selbstständig und betrieb mit Steffen Brasche sehr erfolgreich eine kleine Werbeagentur, führte Werbe- und Promotionaktionen in der Gastronomie durch. Als 1994 das Angebot von Paulaner kam, deren neues Restaurant im „Hotel Taschenbergpalais Kempinski Dresden" zu übernehmen, zögerte Baumgürtel keinen Moment. Gemeinsam mit Steffen Brasche führte er das „Paulaner's" zu einem immensen Erfolg, die Bayern staunten, das hatten sie nicht erwartet. Und sie sahen in ihm den geeigneten Mann für ihr neues „Brauhaus am Waldschlößchen", das sie gerade etablierten. Nach einigem Zögern und reiflich Überlegung übernahm es Frank Baumgürtel, neben Steffen Brasche war jetzt auch Thomas Jacob an seiner Seite, der als Diplom-Kaufmann für das Marketing verantwortlich war. Das „Paulaner's" in der Innenstadt führte nun hauptsächlich Steffen Brasche.

Zur Eröffnung des „Brauhauses am Waldschlößchen" gab es drei Tage lang Freibier, es wurde „der Staub aus der Leitung getrunken", so der werbewirksame Slogan. Mit Ideenreichtum und Kreativität zogen die Pächter die Menschen an. Es gab von „12 bis 12 für 12,12 Mark" ein Tagesessen, statt „Happy Hour" gleich den legendären „Happy Day" – und die Mädels kamen statt mit Bier mit einem reichen Cocktailangebot auf ihre Kosten. Live-Musik und Studententage, Silvester-, Faschings- und sonstige Aktionen belebten das Restaurant mit der herrlichen Aussicht. Das „Brauhaus am Waldschlößchen" entwickelte sich zu einer der erfolgreichsten Adressen in Dresden, ja es gehörte unter die ersten Fünf der umsatzstärksten Hausbrauereien Europas. Doch es war ein Lokal auf Pacht, das große Endziel noch nicht erreicht, trotz aller Erfolge.

Zu diesem Zeitpunkt hatte das Leben wieder eine Weggabelung für Frank Baumgürtel parat. 2001 suchten die damaligen Eigentümer des Schillergartens einen neuen Pächter. Doch Pacht stand für Baumgürtel außer Frage, er wollte mit seinen Partnern den Schillergarten kaufen. Gespräche begannen, zunächst noch recht unverbindlich, erste Angebotszahlen lagen auf dem Tisch. Dann kam die Flut 2002, die zunächst alles unterbrach und letztlich doch den Ausschlag gab für den Verlauf der Dinge. Noch sollte niemand

Bilder linke Seite: Im Schillergarten nach der Neueröffnung 1996 etwas von der geplanten Übernahme des Schillergartens wissen, unter dem Code-Namen „Goethe-Park" wurden Finanzierungspläne aufgestellt, weitere Verhandlungen geführt. Hinzu kam, dass der Vertrag im „Brauhaus am Waldschlößchen" auslief und zwei so große Restaurants zu betreiben, ohnehin nicht gut möglich gewesen wäre. Im Dezember 2003 dann die endgültige Unterschrift: Frank Baumgürtel, Steffen Brasche und Thomas Jacob wurden die neuen Besitzer des Schillergartens.

Die Abschiedsparty im „Waldschlößchen", die sieben erfolgreiche Jahre besiegelte, wird allen unvergesslich bleiben. Als „Time to say Goodbye" von Sarah Brigthman und Andrea Bocelli erklang, blieb kein Auge mehr trocken. Ob das Eigentümertrio mit dem Schillergarten an den Erfolg des Brauhauses anknüpfen können würde, war damals zu hoffen, doch letztlich würde es erst die Zukunft zeigen. Es gab so manchen, der sie für ein bisschen verrückt hielt, einen Laden wie das Brauhaus aufzugeben. In Blasewitz schlug ihnen außerdem die Skepsis entgegen: Im Schillergarten hätte es noch keiner länger als vier Jahre ausgehalten, mussten sie mehr als einmal hören. Mit Udo Lindenbergs Song „Hinterm Horizont geht's weiter" machten sie sich an jenem Abschiedsabend dann auch selbst ein wenig Mut, an ihre Visionen zu glauben und hofften, wieder zur rechten Zeit alles richtig zu machen.

Hinterm Horizont ging es tatsächlich weiter: Das gesamte Waldschlößchen-Personal kam mit in den Schillergarten. Es war eine Punktlandung und ein ungeheurer Kraftakt für alle, in nur einem Monat nach Schließung des „Brauhauses am Waldschlößchen" den Schillergarten in Betrieb zu nehmen. Der komplette Umzug eines großen Restaurants musste bewältigt, neue Organisationsstrukturen geschaffen werden – und der Einzug im Schillergarten war ein Einzug in eine Baustelle. Während oben schon Gläser und Besteck geputzt wurden, waren unten noch Handwerker zu Gange. Doch das schier Unmögliche gelang: Am 1. Dezember 2004 eröffnete der neue Schillergarten.

Für diesen musste nun eine eigene Identität gefunden werden, denn eine Kopie des Brauhauses wäre völlig fehl am Platz gewesen. Mit gutbürgerlicher Küche und einer attraktiven Tageskarte besann sich das Team auf die Wurzeln des Hauses, machte keine Experimente und zog mit seinem Konzept Familien, Freunde und Geschäftsleute gleichermaßen an – denn Frank Baumgürtel leistet solide Gastwirtsarbeit. Immer ist er präsent, meist in Jeans und locker darüber getragenem Hemd, ein Wirt, den man sieht, mit dem man sprechen kann und der ernst nimmt, was der Gast sagt. Man kennt ihn, den Wirt, man fühlt sich zu Hause, und wenn er an den Tisch kommt, die Hände schüttelt und sich nach dem Wohlbefinden erkundigt, macht das allemal Eindruck auf die „Mitgeschleppten", die vielleicht zum ersten Mal im Schillergarten sind. Ob er tatsächlich jeden, den er begrüßt, auch wirklich „kennt", das bleibt sein Geheimnis.

Es ist gut möglich und zu hoffen, dass dieses „Trio Grande" Frank Baumgürtel, Steffen Brasche und Thomas Jacob in vielen, vielen Jahren einen der vorderen Plätze in der langen Wirtsliste einnimmt, denn jung und kreativ sind sie alle drei.

Thomas Jacob, Frank Baumgürtel und Steffen Brasche (v.l.), die heutigen Eigentümer des Schillergartens

DARBEN UND SCHLEMMEN VON BIERSUPPE BIS HUMMER

August der Starke, der im Jahre 1704 seinem altgedienten Stubenheizer Matthäi das Gut in Blasewitz schenkte, das heute der Schillergarten ist, soll im wahrsten Sinne des Wortes kein Kostverächter gewesen sein, auch wenn sich um ihn selbst und seine Manneskraft viele Legenden ranken. Um seine sprichwörtlichen Kräfte zu erhalten, aß und trank er gern ausschweifend, in der Hofküche wurden üppige Festmahlzeiten für spektakuläre Hoffeste zubereitet. Manches offizielle sächsische Tafelzeremoniell war grandioser ausgerichtet als beim Kaiser in Wien. Hinzu kam, dass August der Starke – dem dieser Beiname erst später gegeben wurde – zahlreiche Mätressen hofierte, die ihrerseits die Speisekarte am sächsischen Hof mit prägten. Offenbar unterlagen die Damen noch nicht der Diktatur der Diät und gaben sich freudig nicht nur August, sondern auch kulinarischen Genüssen hin. So liebte beispielsweise Gräfin Aurora von Königsmarck die französische Küche, die fortan am Hofe Einzug hielt, die Türkin Fatima stopfte Zuckerwerk in ihren August, das ein extra dafür vom Bosporus an die Elbe geholter Spezialist herstellte. Fürstin Lubomirska war für polnische Delikatessen zuständig, bei Gräfin Orzelska ist man sich nicht einig, ob sie eher die polnische Küche oder die sächsische Hausmannskost favorisierte. Reichsgräfin Cosel, die Matthäi der Legende nach Heilig Abend 1716 während ihrer Rast auf dem Weg in die Verbannung nach Stolpen bewirtete, war zu ihren Glanzzeiten nicht nur August, sondern auch der französischen Küche zugetan.

Matthäi, der früher August die Stube heizte, wird von den kulinarischen Köstlichkeiten des Hofes nicht haben kosten dürfen. Vielleicht aber boten sie ihm Anregungen für seine Gastwirtschaft, die er und später sein Sohn Karl Anfang des 18. Jahrhunderts betrieben – obwohl natürlich zwischen höfischer und deftiger Gasthaus-Küche ein großer Unterschied herrschte. Was genau freilich auf seiner Speise- und Getränkekarte stand, entzieht sich heute unserer Kenntnis, historische Speisekarten sind generell sehr rar. Vielleicht gab es bei ihm auch noch gar keine Speisen, denn erst um 1770, als schon Johanna Dorothea Segedin das Schenkhaus an der Elbe bewirtschaftete, ist die Entstehung öffentlicher Restaurants, in denen auch Speisen angeboten wurden, aus Paris bekannt. Langsam löste sich überall das alte Zunftrecht auf, nach dem Suppenküchen, Bäcker und andere streng getrennt waren. Allerdings gab es in Dresden nie eine eigene Zunft der Gastwirte. Der auf Matthäis Grundstück „haftende freie Bierschank" kann allerdings schon als ein Privileg verstanden werden. Das Recht, Bier zu brauen oder zu verkaufen, „haftete" damals an nur wenigen Grundstücken in Dresden. Da Bier zu jener Zeit Grundnahrungsmittel und Alltagsgetränk war, muss ein Schenkhaus durchaus ein einträgliches Geschäft gewesen sein.

Die 1783 von Gottfried Schmieder in Dresden herausgegebene „Policey-Verfassung" gibt einen Überblick über das Speisenangebot und die vorgeschriebenen Preise zu Zeiten, in denen Friedrich Schiller hier weilte und wohl des Öfteren im Schenkhaus an der Elbe in Blasewitz auch gespeist haben könnte. Schmieder veröffentlichte die am 30. Dezember 1782 vom Rat der Stadt erlassene „Tax- und Bewirthungs-Ordnung", nach der „die Gastwirthe, bey Vermeidung zwanzig Thaler Strafe, sich zu richten haben." Die aufgeführten Speisen sind Suppe, Fleisch und Fisch, Braten, Zugemüse, Butter und Käse mit Brot, dazu wurde heißes Bier ausgeschenkt. Kartoffelgerichte fehlten auf den Speisekarten zu jener Zeit noch, obwohl der als Bauernastronom und Wiederentdecker des Halleyschen Kometen bekannt gewordene Prohliser Johann Georg Palitzsch bereits Kartoffeln angebaut hatte. In jener Zeit beginnt auch eine Verfeinerung des Geschmacks. Wurden die seit dem 16. und 17. Jahrhundert auch in Europa verfügbaren Gewürze den Speisen zunächst in unsäglichen Mengen zugefügt, verwendete man sie nun in kleineren Dosierungen und zur Unterstreichung des Geschmacks.

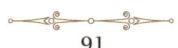

Bild oben: Die „Gustel" bedient Friedrich Schiller, alte Postkarte
Bild unten: Die „Tax- und Bewirthungs-Ordnung"
aus der Polizeiverfassung von Gottfried Schmieder, 1783

Zwischen 1763 – ein Jahr bevor Mutter Segedin das Schenkhaus an der Elbe kaufte – und 1830 gab es einen beachtlichen geistig-kulturellen Aufschwung, an dem auch ärmere Bevölkerungsschichten partizipierten. Die schlimmen Jahre der Hungersnöte von 1770 bis 1772 forderten der Bevölkerung zwar noch einmal alles ab, der Mangel an Getreide und Brennholz trieb die Menschen in erschreckende Armut. Doch als dies überstanden war, pflegten sie Geselligkeit, trafen sich bei Verwandten oder gingen ins Wirtshaus, obwohl sie täglich zwölf und mehr Stunden arbeiteten. Man traf sich, um die allgemeine Lage zu erörtern und die Zeitungen auszuwerten. In der Schrift „Briefe über Sachsen" von 1786 steht zu lesen: „Die Vergnügungen der hiesigen Einwohner bestehen bei den geringeren Klassen darinnen, daß sie des Winters Abends um sechs oder sieben Uhr in Bierhäusern, deren es hier eine sehr große Menge gibt, zusammenkommen und allda über den Inhalt der Zeitungen räsonieren." Eine Hauszeitung hatte der Schillergarten zu jener Zeit freilich noch nicht, aber die örtliche Presse wird Stoff genug zum „räsonieren" geboten haben.

Das Dutzend Austern für 1,50 Mark

Täglich großer Mittagstisch, Diners und Soupers à part sowohl große Auswahl an Bieren – so lauteten die Angebote im Schillergarten Ende des 19., Anfang des 20. Jahrhunderts. Doch auch Hummer, Krebs, Austern, „Renntier" – wohl ein Fauxpas in der Rechtschreibung – und Loschwitzer Erdbeeren gab es zur herrlichen Aussicht auf selbige Höhen. Besonders Wirt Emil Walther schien in der Vielfalt sein Glück zu suchen, er bot außerdem noch Gänse- und Kalbsbraten, Rebhühner und Karpfen an. Alle Speisen auch außer Haus! Eine so vielfältige Karte mit diesen auserwählten Delikatessen zeugt von der gehobenen Klasse des Schillergartens. Sauerbraten mit Klößen – heute ein „Schillergarten-Klassiker" – stand immer mittwochs auf der Speisekarte. Problematisch war zuweilen die Eisnot, im warmen Winter 1902 überlegte man gar, schwedisches Eis zu importieren, um ausreichende Kühlung der Lebensmittel zu gewährleisten. Offenbar waren auch die Eisvorräte des Eishauses, in dem heute der Biergartenausschank untergebracht ist, fast erschöpft.

Die Tradition der Patisserie, die heute im Schillergarten mit eigenem Konditor weiter gepflegt und vervollkommnet wird, begann schon damals: Selbstgebackene Kuchen und die berühmten Käsekäulchen werden annonciert. Einfallsreich waren die Wirte, auf Abwechslung bedacht und stets bemüht, den guten Ruf von „Küche und Keller" des Schillergartens zu betonen. Am 19. April 1902 eröffnet Wirt Emil Walther im ersten Obergeschoss zwei Räume als Weinstuben, herrlich zur Elbe gelegen, und schenkt Weine von „Ferd. Gerlach Nachf. u. Brems & Co." aus. Als er später dann allerdings „Markenpiraterie" betreibt und im Schillergarten den Ausschank des weltberühmten „Salvator"-Spezialbieres ankündigt, macht die Aktiengesellschaft Paulanerbräu gegen ihn mobil und kündigt „civil- und strafrechtliche Folgen" an. Das schien zu wirken, die Anzeigen verschwanden und mit ihnen jedoch auch das Salvator-Bier aus dem Schillergarten.

Wirt Bruno Wendler bringt 1908 die Eierplinsen auf die Speisekarte, er veranstaltet auch Schlachtfeste und liefert morgens um acht Uhr schon frische Schlachteschüsseln aus.

Conrad Siegert, der folgende Wirt, bietet die unterschiedlichsten Biersorten im Schillergarten an wie Erlanger Reifbräu, Felsenkeller-Lagerbier, Radeberger Böhmisch und Wöllnitzer Lichtenhainer. Außerdem eine „sehr geschätzte" Bier-Spezialität: „Sensationator".

Die Menschen vergnügen sich wie eh und je im Schillergarten, das Kino ist gut besucht und noch ahnt keiner, dass in ihm bald Pökelfleisch und Schinken lagern werden.

Erklärung.

Unter der Devise „Schillergarten" kündet Emil Walther in Nr. 50 dieses Blattes vom 2. März a. c. „Ausschank des hochfeinen ...tor-Bieres" an.

Diese Ankündigung veranlasst uns zu der öffentlichen Bekanntgabe, dass in der fraglichen Annonce unter dem Namen „Salvator" angekündigte ... aus unserer Brauerei stammt.

Wir sehen uns zu dieser Erklärung um so mehr veranlasst, als obige Anpreisung geeignet ist, das Publikum zu täuschen, indem es durch dieselbe in ...uben versetzt werden muss, als handle es sich um den Ausschank des unter dem Namen „Salvator" weltberühmten Spezialbieres der ...tigten Brauerei. Diese Gefahr ist um so naheliegender, als bekanntlich der Name

„Salvator"

...nzeichen uns patentamtlich geschützt ist.

Dieser Schutz hat zur Folge, dass Niemand unter dem Namen „Salvator" Bier in den Verkehr bringen darf, das nicht aus der Brauerei ...tigten stammt. Zuwiderhandlungen ziehen die civil- und strafrechtlichen Folgen des § 14 des Reichsgesetzes zum Schutze der Warenbezeichnungen nach ...alten wir uns wegen der durch fragliche Annonce geschehenen Verletzung unseres Zeichenrechtes an dem Worte „Salvator" die geeigneten Schritte vor.

Aktiengesellschaft Paulanerbräu,
(zum Salvatorkeller)
vorm. Gebrüder Schmederer-Zacherlbräu, München. **1902**

Schillergarten.
Heute Freitag abend 6 Uhr Anstich
des hochfeinen frisches
Salvator-Bier.
ladet ergebenst ein **1902** Emil Walther. (69)

Schillergarten. **1902**
Heute und folgende Tage grosses
Renntier-Essen,
ausserdem die reichhaltige Speisekarte zu civilen Preisen.
— Hochfeine Biere. —
Gleichzeitig dem hochgeehrten Publikum von Blasewitz und Umgegend zur Kenntnis, dass ich von heute an in den
althistorischen Räumen der I. Etage
zwei gediegene
Weinstuben
eingerichtet und eröffnet habe. Es soll mein eifrigstes Bestreben sein, den mich beehrenden Herren einen hochfeinen Schoppen Wein vorzusetzen, wofür meine soliden Weinhäuser, als: Ford. Gerlach Nachf. u. Brems & Co. bürgen.
Aufmerksame solide Bedienung.
1213) Hochachtungsvoll Emil Walther.

Im Schillergarten zu Blasewitz.

Schillergarten. **1902**
Heute und folgende Tage (2955)
grosses Reh-, Karpfen- und Gänse-Essen
zu ausnahmsweise billigen Preisen, à Portion von 50—60 u. 70 Pf.
Ausschank und Verkauf ausser dem Hause
des hochfeinen selbstgekelterten Mostes.
Most! Most! Most!
aus besten süssen Trauben.
Es ladet ergebenst ein
Emil Walther.

...chillergarten Blasewitz.
Heute, sowie jeden Mittwoch Abend
...auerbraten
mit vogtländ. Kloß.
...zu ladet ergebenst ein
1896 Herrmann Naumann.

Schillergarten **1911** Blasewitz.
Heute Sonnabend, den 21. Januar a. c.:
Gross. Doppel-Schlachtfest
Schlachtwarmes Weißfleisch :: ff. Münchener Schlachtschüssel
Vorzügl. Blut-, Brat- und Leberwurst
Heute und folgende Tage
Ausschank des berühmten **Sensationator** (Reif-Erlan
Ferner gelangen zum Ausschank nur noch folgende Biere:
Erlanger Reif-Bräu :: Felsenkeller Lager :: Radeberg. Böhmisch :: ff. Wöllnitzer Lichtenhal
Zu zahlreichem Besuch ladet ergebenst ein C. Siegert
592)

Schillergarten. **1903**
Heute und folgende Tage grosses
Spargel-Essen.
1 Pfund ff. Stangenspargel 1 Mark. Beilagen, als: Schnitzel, Lachs, Schinken, Zunge, 50 Pf. (1299
Es ladet ergebenst ein Hochachtungsvoll Emil Walther.

Freitag, den 21. Januar 1898.
Sonnabend und Sonntag Grosses **1898**
Austern-Frühstück
☞ im Schillergarten. ☜
Indem Blasewitz keinen Zoll auf **Austern** erhebt, will ich Liebhabern dieser köstlichen Delicatesse Gelegenheit bieten, einmal nach Herzenslust ihren Appetit zu befriedigen und gebe ich deshalb das **Dutzend** der
vorzüglichsten Nordsee-Austern zu Mk. 1.40
ab. Bittend, recht zahlreich von meiner Offerte Gebrauch zu machen, versichere ich noch, diesem Frühstück einen **vorzüglichen Tropfen** zu widmen.
Hochachtend
344) Herm. Naumann.
Kleine Wohnung
sofort oder später zu vermieten
Blasewitz, ...

Schillergarten. **1902**
Heute als Spezialität:
Gänsebraten mit Rotkraut 60 Pf.
Rehrücken „ 70 „
Rehkeule „ 60 „
Rehragout mit Knödeln 40 „
Wildsuppe 20 „
Karpfen blau od. polnisch 60 „
Außerdem noch reichhaltige Speisenwahl. (3010)
ff. selbst-gekeltert. **Most.** Verkauf auch außer dem Hause, à Flasche **1 M.**
Hochachtungsvoll Emil Walther.

Ein „Ave Maria" für den Sonntagsbraten

Kulinarische Gepflogenheiten in Sachsen in der Vergangenheit

August der Starke war nicht nur jener Kraftprotz und Schürzenjäger, er war auch ein politisch genau kalkulierender Landesherr, der in vielerlei Hinsicht eine Ausnahmeerscheinung unter den Regenten seiner Zeit war. Er förderte das bereits gut entwickelte Gewerbe und den Handel in Sachsen, die Manufakturen für spezielle Handelsgüter und die Ansiedlung von Handwerkern und Fachleuten wie Handelsexperten. Diese erhielten die Bürgerrechte teilweise ohne Entgelt oder mit zehnjähriger Steuerfreiheit. Spätestens seit 1710, also reichlich zehn Jahre nach seinem Amtsantritt, war die Lebensmittelversorgung der Bevölkerung Sachsens mindestens in Dresden und Leipzig nicht mehr allein abhängig von der sächsischen Landwirtschaft. Hinsichtlich der Ernährung muss zwischen Land- und Stadtbevölkerung, Handwerkern, Bürgertum und Adel unterschieden werden, aber ebenso zwischen Alltags- und Festspeisen.

Die Hungersnöte von 1718/19 waren für die Landbevölkerung verheerend. Als die Kartoffel um 1680 im Vogtland ihre Küchenkarriere begann, galt sie als absolute Notnahrung, als Pellkartoffel, als Kartoffelsalat, -kloß oder Bratkartoffel, und zwar ausschließlich in den untersten Bevölkerungsschichten. Ihre Erfolgsgeschichte beginnt erst Ende des 18. Jahrhunderts. Ansonsten dominierten Hirse- und Gerstenbrei. Üblich war beim einfachen Volk noch bis ins 19. Jahrhundert der große Wasserkessel über offenem, ständig lodernden Feuer, in den alles geworfen wurde, was an verwertbaren Resten anfiel. So entstand ein suppenartiger Eintopf aus Kräutern, Wurzeln, Knochen, Hühnern und Fleischstücken, eine immer zur Verfügung stehende kräftigende warme Mahlzeit. Die Landbevölkerung war abhängig vom Wetter und dem Ertrag ihrer Dreifelderwirtschaft, von Gerste und Roggen, Weizen, Hafer, Hirse und Gemüse sowie den Pilzen des Waldes. Äpfel, Kirschen, Aprikosen, Birnen und Quitten gab es in Hülle und Fülle. Zusammen mit dem erstklassigen Weizenmehl bildeten sie schon damals die Grundlage für die berühmten sächsischen Blechkuchen.

Auch dem Landadel ging es kulinarisch in Notzeiten nicht besonders gut. Das Fleisch der im Spätherbst geschlachteten Schweine, Ziegen und Schafe wurde durch Trocknen, Salzen und Einlegen konserviert. Die bei den Schlachtfesten hergestellten Würste reichten bei sparsamer Einteilung und sachgemäßer Lagerung meist bis zum Schlachttermin im nächsten Jahr. Rinder wurden weit weniger geschlachtet, denn ihre wirtschaftliche Nützlichkeit reichte über Jahre hinweg. Kuhmilch war die Grundlage für die Herstellung von Käse und Butter. Beide Produkte wurden aus Sachsen bis nach England exportiert, sächsische „Maienbutter" war weithin ein Begriff. Aus Rindfleisch entstand der sogenannte Sonntagsbraten, respektive der Sauerbraten. Damals wurde er noch im Gemeindebackofen gegart. Man schob das Bratgefäß in den Backofen, als man früh in die Kirche ging und holte es heraus gegen Mittag, als der Kirchgang zu Ende war. Der Braten musste eben ein „Ave Maria" lang schmoren, so hieß es, dann war er gar.

Herbergen und Einkehrstätten boten, genau wie der Vorgängerbau des Schillergartens, der seit 1693 als Kurfürstliche Schänke erwähnt wird, ihren Gästen das seinerzeit in Gasthöfen übliche Tables d'hôte: Der Gast erhielt zu festgesetztem Preis ein vom Wirt bestimmtes Essen. Dabei handelte es sich um Gerichte wie gekochten Schinken, blaue Fische (also gekochte), Stockfisch sowie Wildbret- und Fischpasteten, Fleisch, gekochte Krebse und Schnecken, Geräuchertes von Zunge, Gallerten (Sülzen), Singvögel oder Gemüse. Die meisten Fleischgerichte wurden erst gekocht und dann „gegrillt" (Bratspieß), oder umgekehrt. Halbgares Fleisch galt als ekelerregend. Die Gemüse kochte man regelrecht zu Mus („Zugemüß"). Wie die zubereiteten Speisen tatsächlich geschmeckt haben, ist heute nicht nachzuvollziehen. Gewichtsangaben tauchen gar nicht oder nur versteckt auf.

Die Suppen waren oft mit Brot angedickte Eintöpfe. Eine Bettelmannssuppe bestand aus geriebenem Roggenbrot, Zitronenschale, Kümmel, Rosinen, Zucker und Zimt je zur Hälfte aufgefüllt mit Wein und Breyhan – eine frühe Art Hefeweizenbier. Die aus der Zeit überlieferten Kochanweisungen stammen aus wohlhabenden Bürgerküchen. Dort leistete man sich schon Schokoladensuppe, indem in kochenden Wein geriebene Schokolade und Eier mit viel Zucker verquirlt wurden. Das Gemenge wurde schließlich über geröstete Brotscheiben gegossen.

Die Saucenherstellung war noch ein Problem, dafür erfand man die verschiedensten Butter- oder Rahmbrühen, für die auffällig viel Sahne und Butter verwendet wurde. Es gab Karpfen mit Kohl, Hecht mit Sauerkraut, Neunaugen sauer eingelegt wie heutiger Brathering oder mit Petersilienwurzeln als Zugemüse. Bach- oder Flusskrebse waren derzeit keine teure Rarität. Reis war zwar eine bekannte Zutat, blieb aber wegen seines hohen Preises das ganze 18. Jahrhundert den höheren Schichten vorbehalten. Bei den überlieferten Kochanweisungen handelt es sich hauptsächlich um Festtagsspeisen. Üblicherweise blieb es beim Brei oder der dicken Suppe, die auch gelegentlich als Magenpflaster bezeichnet wurde, wobei auch in den Städten nicht selten eine Feuerstelle von mehreren Familien genutzt wurde.

Malvasier, Frontenac, Champagner sowie verschiedene Weine umliegender Länder wurden importiert. In Dresden und Umgebung gab es jede Menge Brauereien, hinzu kamen Importe wie Ducksteiner, Naumburger, Merseburger, Niederlausitzer und Weißenfelser Bier. Dazu die Biere aus Königstein und Weesenstein, die per Schiff oder Kutsche mehrmals pro Woche in die Dresdner Residenz verfrachtet wurden. Bier war Bestandteil der Entlohnung der unteren Hofchargen. Importiert wurden auch Viktualien wie Pistazien, Mandeln, Nüsse, Nudeln, Datteln, Sardellen, Parmesan, Limburger und anderer ausländischer Käse, Trüffel, Oliven, Tee, Kaffee, Chocolade(!), Feigen, Rosinen und frischer Lachs aus Hamburg. Zur Zubereitung in wohlhabenden Haushalten und der Hofküche wurden auf den Märkten vor allem in Dresden und Leipzig Tauben, junge Hühner, Kapaune, Finken, Lerchen, Amseln, Fasane, aber auch Kaninchen, Hasen, Krebse und Helgoländer Hummer feilgeboten. Kaffee und Tee waren erhältlich, gehörten zu den „Sonntagsgetränken" und wurden teilweise in speziellen Einrichtungen ausgeschenkt, galten aber sowohl als kostbar als auch als „unnütze Exotica". Vor allem der Kaffee setzte sich als Morgen- und Nachmittaggetränk ab der Mitte des 18. Jahrhunderts immer mehr durch. Bisher konsumierten die Leute zum Frühstück in der Regel Milch, Biersuppe oder direkt Bier.

Kurz vor 1800 kam übrigens erst der Begriff „Besteck" in den Sprachgebrauch, das so genannte „Couvert". Gern benutzte man auch bei Hofe noch die Finger und nahm sich lediglich mit der Gabel die gewünschten Happen von den Platten auf den eigenen Teller, um sie dann mit dem Messer zu schneiden. Erst 1781 in England, 1798 in Frankreich und ab 1843 (Krupp) entstanden Firmen, die industriell Bestecke herstellten.

Die Kochtechnik war um 1730 kaum anders als zum Ausgang des Mittelalters. Gegart, gekocht, gebraten und gegrillt wurde über offenem Kamin oder Kaminherd, die beide wegen der starken Verrußung auch „Schwarzküchen" genannt wurden. Beim Kaminherd wurden die Speisen entweder in Pfannen und Tiegeln mit Dreifüßen, per Tischdrehspieß für kleine Fleischstücke oder im kleineren Kessel am Kesselhaken hängend über offenem Feuer gegart. Seit etwa 1725 gibt es den ersten Sparherd nach französischem Vorbild. Der bestand aus mehreren kleinen Kochstellen, mit und ohne Rost zu benutzen, die den Topf- und Pfannengrößen entsprachen und einzeln beheizt werden konnten. Damit konnten mehrere Speisekomponenten mit unterschiedlicher Garzeit mit viel weniger Feuermaterial gleichzeitig hergestellt werden.

DIE ZENTRALKÜCHE IM SCHILLERGARTEN

Am 31. Juli 1914 wird der Kriegszustand ausgerufen. Die Veränderungen im gesamten gesellschaftlichen Leben mit zahlreichen Einschränkungen für die Menschen machen auch vor Blasewitz nicht halt. Schon im September 1912 gab es im Schillergarten ein Büro, in dem die Meldungen über die aktuelle Lage zusammenliefen. Die allgemeine Kriegsbegeisterung der Menschen äußerte sich auch im regen Besuch der Militärkonzerte im Traditionsrestaurant, die während des ganzen Krieges über aufgeführt wurden, zum Teil von Musikern, die nur auf Heimaturlaub waren. Siege der deutschen Armee gab man während der Konzerte bekannt und feierte sie unter großem Jubel. Einmal stimmten alle Konzertbesucher das Lied „Deutschland über alles" an, um ihren Gefühlen Luft zu machen. Teilweise spendet Wirt Walenta den Ertrag aus dem Eintrittsgeld der Konzerte dem Roten Kreuz. In den Geschäften in Blasewitz kommt es wie überall zu Hamsterkäufen aus Angst vor Preistreibereien und Mangelwirtschaft, die „Sächsische Dorfzeitung und Elbgaupresse" startet einen Aufruf zur Besonnenheit, es seien genügend Vorkehrungen gegen einen Lebensmittelnotstand getroffen. Im Obergeschoss des Rathauses in Blasewitz richtet das Rote Kreuz ein Kriegs-Hilfslazarett mit 25 von der Blasewitzer Bevölkerung gestifteten Betten ein, dessen Verpflegung durch den Goethegarten (jetzt Sparda-Bank) sicher gestellt wird. Ebenfalls im Rathaus befindet sich die Goldankaufstelle. Die Bevölkerung ist aufgerufen, ihre Goldsachen dem Reich gegen einen geringen Obolus zu verkaufen. Der Patriotismus treibt gelegentlich auch seltsame Blüten, wie eine Leserzuschrift an eine Zeitung im August 1914 zeigt.

Im Verlaufe des Krieges verschärft sich die Ernährungssituation, Lebensmittelkarten werden eingeführt und Rationierungen bestimmen das, was im Kochtopf landet. Im November 1916 beschließt der Gemeinderat die Einrichtung einer so genannten Zentralküche. Schillergarten-Wirt Robert Lindner erklärt sich bereit, bei Lieferung der für die Zentralküche notwendigen Nahrungsmittel sein Restaurant und das erforderliche Personal zur Verfügung zu stellen und die Essensportionen auszugeben. Pro Portion müssen die angemeldeten Personen 40 Pfennige, „Minderbemittelte" nur 30 Pfennige zahlen. Sozusagen als Weihnachtsgeschenk gibt die „Sächsische Dorfzeitung und Elbgaupresse" am 24. Dezember 1916 die Eröffnung dieser Zentralküche am 2. Januar 1917 bekannt. Der Speiseplan gelangt wöchentlich zum Abdruck, es gibt Nudeln mit Rindfleisch, Graupen mit Kohlrüben, Heringskartoffeln. Außerdem erklärt sich der Wirt bereit, gegen einen geringen Betrag den Verzehr des Essens gleich im Schillergarten zu gestatten. Kino-Besitzer Karl Paty hatte das Kino geschlossen, nunmehr lagern hier Schinken, Pökelfleisch, Dörrgemüse und andere Lebensmittel, so dass der Gemeindevorstand bei einer Besichtigung zu dem Schluss kommt, dass eine Hungersnot wohl nicht eintreten könne. Doch der Schein trügt, auch die Zentralküche muss mit zunehmendem Kriegsverlauf Rationierungen hinnehmen, wird aber dennoch über das Kriegsende hinaus bis November 1919 betrieben. Während dieser fast drei Jahre Betrieb gab sie zahlreiche Essen vor allem an Bedürftige aus, anfangs waren es knapp 600 Portionen, wenige Wochen später bereits 1.800 Portionen pro Tag!

Wirt Robert Lindner versuchte im November 1921 noch einmal Ähnliches mit dem Angebot einer „Privaten Volksküche" im Schillergarten. Mit „gutem, kräftigem und schmackhaftem Essen" versuchte er Gäste zu locken, doch offenbar gab es nicht genügend Anmeldungen, es blieb beim Vorhaben.

Anzeigen aus der „Sächsischen Dorfzeitung und Elbgaupresse" aus dem Jahre 1917
rechts: Patriotische Leserzuschrift von 1914

Blasewitz. Zentralküche.

Die Eröffnung der Zentralküche erfolgt am 2. Ja[nua]r 1917 mittags ½12 Uhr im Schillergarten. Die an[ge]meldeten Familien können voraussichtlich alle berücksich[tigt] werden, aber nur auf volle [Teilnehmerzahl]. Die Beteiligung findet im Schillergarten [...] statt. Die Wochenkarten sind im Schillergarten [am] Freitag, 29. Dezember, von ½10—½1 Uhr [zu] entnehmen. Hierbei sind:

[Flei]schkarten für jede Person und Woche 75 Gramm,
[Kar]toffelmarken für jede Person und Woche 10 Abschnitte
der Gasthauskarte

[ab]zugeben. Wer sich an diesem Tage nicht meldet, verliert [sei]nen Vorrang. Neuanmeldungen werden am 2. Januar [mit]tags ½1—1 Uhr angenommen.

Der Preis beträgt für Familien mit Einkommen [bi]s 3100 Mark 30 Pfennige für den Kopf und Tag, für [Fa]milien mit höherem Einkommen 40 Pfg. Wer den bi[lli]geren Preis beansprucht, hat Einkommens-Nachweis zu [er]bringen. (3396

Sächsische Nachrichten.

(Fortsetzung aus dem Hauptblatte.)

Blasewitz.

— * **Mahnung zur Besonnenheit.** Wie anderwärts, so sind in den letzten Tagen auch hier die Nahrungsmittelgeschäfte geradezu bestürmt worden, weil unter der Bevölkerung die Befürchtung Platz gegriffen hat, daß die Preise für Nahrungsmittel in die Höhe gehen würden. Wenn dies zum Teil schon geschehen ist und noch weiter geschehen sollte, so trägt die Schuld daran lediglich die Bevölkerung selbst, weil sie größere Vorräte einkauft als notwendig ist und sie zu Hause hinlegt, selbst auf die Gefahr hin, daß sie verderben. Wie wir von maßgebender Stelle erfahren, ist schon längst dafür gesorgt, daß ein Mangel an Nahrungsmitteln, sowie eine wesentliche Verteuerung derselben nicht eintreten kann, vorausgesetzt, daß sich die Bevölkerung im Einkauf mehr Zurückhaltung auflegt, als dies leider in den letzten Tagen geschehen ist.

— * **Speisezettel der Zentralküche vom 27.** bis 29. Dezember 1917. Donnerstag: Nudeln mit Pilzen; Freitag: Rotkraut mit Kartoffeln und Speck; Sonnabend: Möhrengemüse mit Kartoffeln und Rindfleisch.

— * **Speisezettel der Zentralküche vom 26.** November bis 1. Dezember 1917. Montag: Nudeln mit Pilzen; Dienstag: Meerrettichbeiguß mit Kartoffeln und Rindfleisch; Mittwoch: Kürbismus; Donnerstag: Spinat mit Kartoffeln und Rindfleisch; Freitag: Sauerkraut mit Kartoffeln und Speck; Sonnabend: Labskaus.

Blasewitz. Zentralküche betr.

Von den am 5. ds. Mts. angemeldeten Familien können für die Woche vom 12.—17. März zunächst nur diejenigen mit einem Einkommen bis 3100 Mark Berücksichtigung finden, deren Wochenkarten am Sonnabend in den nachstehend angeführten Stunden zur Ausgabe gelangen.

Für die Einwohner mit einem Einkommen bis 1900 Mk. ermäßigt worden ist der Portionspreis ab 12. März auf 20 Pfg. Wer hiervon Gebrauch zu machen wünscht, hat den Steuerzettel und Bezugsschein vorzulegen.

Um Andrang nach Möglichkeit zu vermeiden, sollen versuchsweise die Wochenkarten Sonnabends zu folgenden Stunden ausgegeben werden:

½3—6 Uhr alle Karten zu 30 und 40 Pfg.,
6—½8 Uhr alle Karten zu 20 Pfg.

Die abgelaufenen Wochenkarten sind stets mitzubringen. (F.84

Die Verwaltung.

Von den verehrlichen Kurgästen und Einwohnern von Weißer Hirsch

fehlen noch so Viele

in der Goldankaufsliste! Sie wollen es noch immer nicht glauben, daß auch ihr Goldschmuck jetzt **dem Vaterlande** gehört! Ist doch große Gefahr vorhanden, daß unser Banknotenumlauf eine Höhe erreicht, dem gegenüber der Goldbestand der Reichsbank unzulänglich ist, um den Notenumlauf mit einem Drittel Gold zu decken. Um dieser Gefahr und deren Folgen zu begegnen, muß alles vorhandene Gold der Nation dienstbar gemacht werden.

Darum, Ihr Männer und Frauen von Weißer Hirsch!
Opfert allen Schmuck und Tand auf dem Altar des
Vaterlandes! Unser Kurort darf nicht zurückstehen!

Helft zum Siege!

Der Goldankauf findet statt jeden Montag und Freitag von 3—6 Uhr im Rathause, Bautzner Straße 17. (196

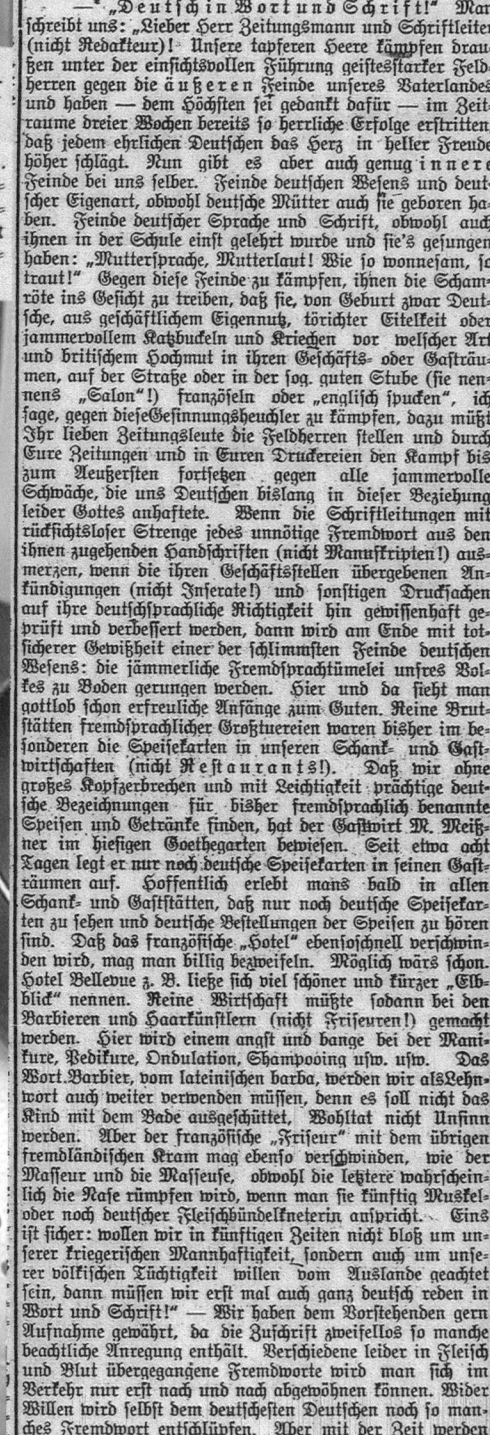

— * **„Deutsch in Wort und Schrift!"** Man schreibt uns: „Lieber Herr Zeitungsmann und Schriftleiter (nicht Redakteur)! Unsere tapferen Heere kämpfen draußen unter der einsichtsvollen Führung geistesstarker Feldherren gegen die äußeren Feinde unseres Vaterlandes und haben — dem Höchsten sei gedankt dafür — im Zeitraume dreier Wochen bereits so herrliche Erfolge erstritten, daß jedem ehrlichen Deutschen das Herz in heller Freude höher schlägt. Nun gibt es aber auch genug innere Feinde deutschen Wesens und deutscher Eigenart, obwohl deutsche Mütter auch sie geboren haben, Feinde deutscher Sprache und Schrift, obwohl auch ihnen in der Schule einst gelehrt wurde und sie's gesungen haben: „Muttersprache, Mutterlaut! Wie so wonnesam, so traut!" Gegen diese Feinde zu kämpfen, ihnen die Schamröte ins Gesicht zu treiben, daß sie, von Geburt zwar Deutsche, aus geschäftlichem Eigennutz, törichter Eitelkeit oder jammervollem Katzbuckeln und Kriechen vor welscher Art und britischem Hochmut in ihren Geschäfts- oder Gasträumen, auf der Straße oder in der sog. guten Stube (sie nennens „Salon"!) französeln oder „englisch spucken", ich sage, gegen diese Gesinnungsheuchler zu kämpfen, dazu müßt Ihr lieben Zeitungsleute an der Feldherren stellen und durch Eure Zeitungen und in Euren Druckereien den Kampf bis zum Äußersten fortsetzen gegen alle jammervolle Schwäche, die uns Deutschen bislang in dieser Beziehung leider Gottes anhaftete. Wenn die Schriftleitungen mit rücksichtsloser Strenge jedes unnötige Fremdwort aus den ihnen zugehenden Handschriften (nicht Manuskripten!) ausmerzen, wenn die ihren Geschäftsstellen übergebenen Ankündigungen (nicht Inserate!) und sonstigen Drucksachen auf ihre deutschsprachliche Richtigkeit hin gewissenhaft geprüft und verbessert werden, dann wird am Ende mit totsicherer Gewißheit einer der schlimmsten Feinde deutschen Wesens: die jämmerliche Fremdsprachtümelei unsres Volkes zu Boden gerungen werden. Hier und da sieht man gottlob schon erfreuliche Anfänge zum Guten. Keine Brutstätten fremdsprachlicher Großtuereien waren bisher im besonderen die Speisekarten in unseren Schank- und Gastwirtschaften (nicht Restaurants!). Daß mit keinem großen Kopfzerbrechen und mit Leichtigkeit prächtige deutsche Bezeichnungen für bisher fremdsprachlich benannte Speisen und Getränke zu finden, hat der Gastwirt M. Meißner im hiesigen Goethegarten bewiesen. Seit etwa acht Tagen legt er nur noch deutsche Speisekarten in seinen Gasträumen auf. Hoffentlich erlebt man's bald in allen Schank- und Gaststätten, daß nur noch deutsche Speisekarten zu sehen und deutsche Bestellungen der Speisen zu hören sind. Daß das französische „Hotel" ebenso schnell verschwinden wird, mag man billig bezweifeln. Möglich wär's schon. Hotel Bellevue z. B. ließe sich viel schöner und kürzer „Elbblick" nennen. Keine Wirtschaft müßte sodann bei den Barbieren und Haarkünstlern (nicht Friseuren!) gemacht werden. Hier wird einem angst und bange bei der Manikure, Pedikure, Ondulation, Shampooing usw. usw. Das Wort Barbier, vom lateinischen barba, werden wir als Lehnwort auch weiter verwenden müssen, denn es soll nicht das Kind mit dem Bade ausgeschüttet, Wohltat nicht Unsinn werden. Aber der französische „Friseur" mit dem übrigen fremdländischen Kram mag ebenso verschwinden, wie der Masseur und die Masseuse, obwohl die letztere wahrscheinlich die Nase rümpfen wird, wenn man sie künftig Muskel- oder noch deutscher Fleischbündelkneterin anspricht. Eins ist sicher: wollen wir in künftigen Zeiten nicht bloß um unserer kriegerischen Mannhaftigkeit, sondern auch um unserer völkischen Tüchtigkeit willen vom Auslande geachtet sein, dann müssen wir erst mal auch ganz deutsch reden in Wort und Schrift!" — Wir haben dem Vorstehenden gern Aufnahme gewährt, da die Zuschrift zweifellos so manche beachtliche Anregung enthält. Verschiedene leider in Fleisch und Blut übergegangene Fremdworte wird man sich im Verkehr nur erst nach und nach abgewöhnen können. Wider Willen wird selbst dem deutschesten Deutschen noch so manches Fremdwort entschlüpfen. Aber mit der Zeit werden die in der Zuschrift angedeuteten Ziele schon erreicht werden.

SÄCHSISCHE KÜCHE 200 JAHRE NACH SCHILLER

Heute ist der Schillergarten ein Restaurant, dessen Speisekarte viele Gerichte der so genannten „gutbürgerlichen Küche" anbietet. Die Schillergarten-Klassiker wie Sauerbraten mit Klößen, Schweinshaxe oder der legendäre „Goldbroiler" finden sich ebenso wie Quarkkäulchen oder Kartoffelsalat und zeigen die Verbundenheit des Hauses zur traditionellen sächsischen Küche. Das alte Dresdner „Männel-Bier" als Spezialabfüllung der Feldschlößchen-Brauerei wird extra für den Schillergarten hergestellt. So wie Anfang des 20. Jahrhunderts die Wirte tagesaktuell verschiedene Speisen anboten, gibt es auch derzeit im Schillergarten eine attraktive Tageskarte, die der Chefkoch sehr ideenreich zusammenstellt. Den heutigen Gepflogenheiten angepasst, wird sie jedoch nicht in der Tageszeitung annonciert, sondern erscheint täglich neu im Internet. Wie zukünftige Buchautoren zeitgenössische Speisen recherchieren und beschreiben werden, ist damit eines der ungelösten Rätsel der Zukunft.

Für die vielfältigen Firmen- und Familienfeste, die in der oberen Etage oder im Garten stattfinden, kann der Gast aus einem abwechslungsreichen Menüangebot wählen, in dem dann auch weniger traditionelle Speisen wie „Löwenzahn-Melissensalat mit Honigmelonenspalten, Parmaschinken und Hagebutten-Vanillevinaigrette", „Tranchen vom Kalbsrücken auf Roséweinsauce mit Austernpilzen und Sesamkartoffeln" oder „Gebratenes Petersfischfilet auf Garnelensauce mit Kaiserschoten und Kokosreis" zu finden sind. Der Genuss dieser extravaganten Speisen kann mit der Schillergarten-Torte oder einer anderen süßen Sünde aus der hauseigenen Patisserie noch gekrönt werden.

Als besondere Attraktion gilt das „Kastanien-Catering", die Bewirtung einer Gesellschaft unter der alten Kastanie im Biergarten, wo einst der legendäre Wirt Louis Köhler ein Belvedere hatte bauen lassen. Die weiß eingedeckten Tische, das glänzende Geschirr und die verführerischen Düfte des Menüs lassen einen lauen Sommerabend zu einem ganz besonderen Erlebnis werden. Wenn sich in den Weingläsern dann die letzten Strahlen der Abendsonne spiegeln, ein historischer Schaufelraddampfer der Sächsischen Dampfschiffahrt leise plätschernd Wellen schlägt, dann ist es legitim, wenn man auch einmal nicht an Schiller, sondern an Goethe denkt, der einst schrieb: „Hier bin ich Mensch, hier darf ich´s sein."

Im Schillergarten 2006

Tontafeln und ein „Zedel" auf einem Fugger-Bankett – Die Geschichte der Speisekarten

Dem Braunschweiger Herzog Heinrich sah man seine Vorliebe für üppige Speisen an. Betrübt war er immer dann, wenn er schon zu viel gegessen hatte und noch immer weitere Gänge und Gerichte zur Verfügung standen, die er nicht mehr schaffte. Die Legende besagt nun, dass er anlässlich eines Banketts bei den Fuggern während des Reichstages von Augsburg 1555 immer wieder auf einen langen „Zedel" schaute. Der Fuggersche Küchenchef hatte auf seine Bitte hin alle Köstlichkeiten des Banketts aufgeschrieben. Herzog Heinrich konnte nun geschickt auswählen und für schmackhafte Speisen noch etwas Platz in seinem Magen lassen.

Mit diesem Zettel war die erste Speisekarte geboren. Herzog Heinrichs Tischnachbar, Graf Haug von Zimmern auf Hohenzimmern bei Rottweil in Württemberg, hielt das Ereignis für so bemerkenswert, dass er in der Zimmerschen Chronik schrieb: „Es het herzog Hainrich ein langen Zedel bei im uf der tafel liegen ... Darinn het im der Kuchenmaister alle Esen und drachten ordenntlich ufgezaichnet. Unnd kunt sich Herzogen Hainrich demnach mit seinem Esen darnach richten und sich uf die bösten Trachten sparen."

Speisekarten, wie wir sie heute kennen, sind etwa ab dem 17. Jahrhundert nachzuweisen. Es ist gut möglich, dass auch schon assyrische Gastwirte das Tagesmenü auf Tontafeln ritzten, und von Griechen und Römern ist überliefert, dass sie authentische Speisenfolgen auf den Tisch brachten, deren Reihenfolge sie aufgezeichnet haben mussten.

Um 1770 öffnete in Paris das erste öffentliche Restaurant, mit dem ein langsamer Wandel der Gastkultur in ganz Europa begann. Das alte Zunftrecht, nach dem Suppenküchen, Bäcker und andere streng getrennt wurden, bröckelte und von nun an durften verschiedenste Speisen in einem Lokal angeboten werden. In Paris fand man bald darauf unglaubliche Angebote: 12 Suppen, 20 Rindfleischgerichte, 20 Schafgerichte, 30 Geflügelgerichte, 15 Braten, 50 Desserts in einem Lokal. Speisekarten wurden unumgänglich, um dem Gast Orientierung in der Vielfalt der Speisen zu geben.

Die ersten Speisekarten waren Wunderwerke an sprachlicher und grafischer Kunst. Die Deckblätter wurden oft von Künstlern gestaltet und mit Leder, kunstvollen Einbänden oder Gold verziert. Auch heute ist die Speisekarte eine Visitenkarte des Gastwirts und ein nicht zu unterschätzendes ästhetisches Element. Eine gute Speisekarte ist in ihrem Aussehen auf die Umgebung abgestimmt, hat ausreichend große Schrift, damit auch bei geringer Beleuchtung alles gut erkannt werden kann. Ein Grafiker wird Text und Bild so gestalten, dass es bereits ein sinnliches Erlebnis ist, die Karte zu studieren. Wenn die Gäste beim Durchblättern der Speisekarte den Nachbartisch abräumen, ist sie möglicherweise etwas zu groß geraten. Die korrekte Rechtschreibung in einer Speisekarte ist natürlich Pflicht – wenn der Gastwirt nicht weiß, wie er Cappuccino schreiben soll – ob er dann weiß, wie er zuzubereiten ist? Auch Kurioses findet sich unter den Speisekarten. So gab es hin und wieder Damenkarten, weil der Gastgeber nicht mochte, dass seine Angebetete die Preise erfuhr. Außerdem vertonte Carl Friedrich Zöllner (1800-1860) eine Speisekarte für einen a-capella-Gesang eines vierstimmigen Männerchors.

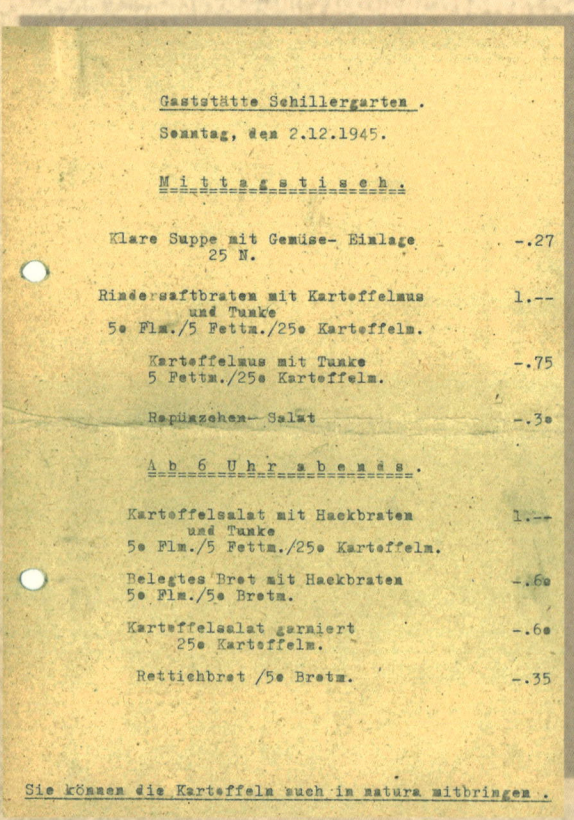

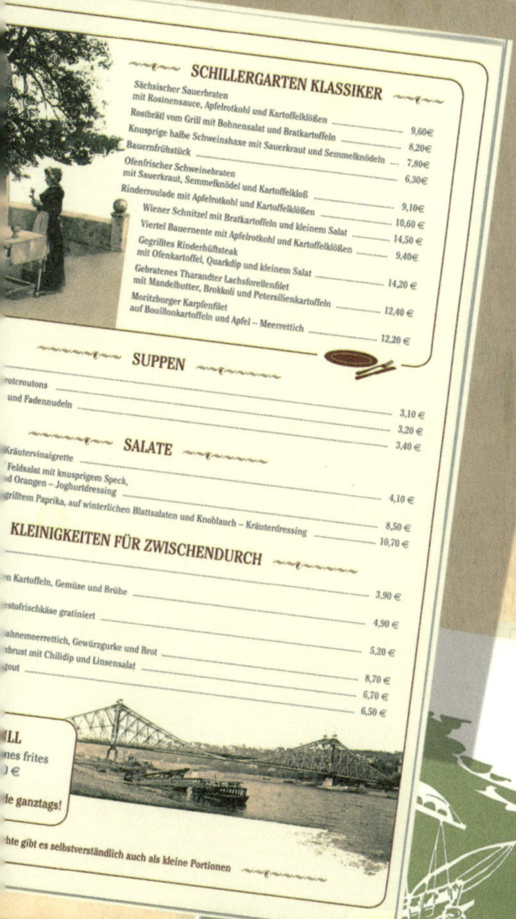

SCHILLERGARTEN KLASSIKER

Sächsischer Sauerbraten mit Rosinensauce, Apfelrotkohl und Kartoffelklößen .... 9,60€
Rostbrätl vom Grill mit Bohnensalat und Bratkartoffeln .... 8,20€
Knusprige halbe Schweinshaxe mit Sauerkraut und Semmelknödeln .... 7,80€
Bauernfrühstück .... 6,30€
Ofenfrischer Schweinebraten mit Sauerkraut, Semmelknödel und Kartoffelkloß .... 9,10€
Rinderroulade mit Apfelrotkohl und Kartoffelklößen .... 10,60 €
Wiener Schnitzel mit Bratkartoffeln und kleinem Salat .... 14,50 €
Viertel Bauernente mit Apfelrotkohl und Kartoffelklößen .... 9,40€
Gegrilltes Rinderhüftsteak mit Ofenkartoffel, Quarkdip und kleinem Salat .... 14,20 €
Gebratenes Tharandter Lachsforellenfilet mit Mandelbutter, Brokkoli und Petersilienkartoffeln .... 12,40 €
Moritzburger Karpfenfilet auf Bouillonkartoffeln und Apfel – Meerrettich .... 12,20 €

SUPPEN

...rotcroutons ....
... und Fadennudeln .... 3,10 €
.... 3,20 €
.... 3,40 €

SALATE

...Kräutervinaigrette ....
... Feldsalat mit knusprigem Speck,
...d Orangen – Joghurtdressing .... 4,10 €
...grilltem Paprika, auf winterlichen Blattsalaten und Knoblauch – Kräuterdressing .... 8,50 €
.... 10,70 €

KLEINIGKEITEN FÜR ZWISCHENDURCH

...n Kartoffeln, Gemüse und Brühe .... 3,90 €
...estofrischkäse gratiniert .... 4,90 €
...ahnemeerrettich, Gewürzgurke und Brot .... 5,20 €
...brust mit Chilidip und Linsensalat .... 8,70 €
...gout .... 6,70 €
.... 6,50 €

...LL
...nes frites
...) €
...le ganztags!

...hte gibt es selbstverständlich auch als kleine Portionen

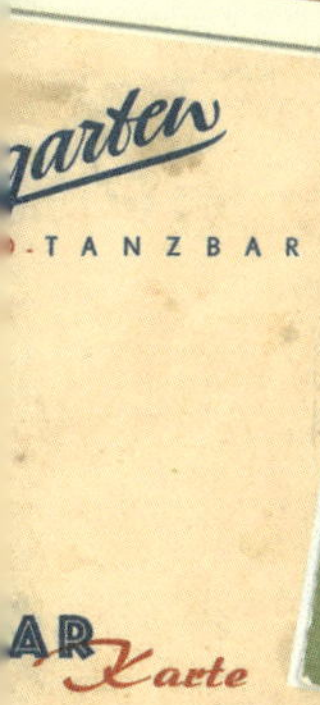

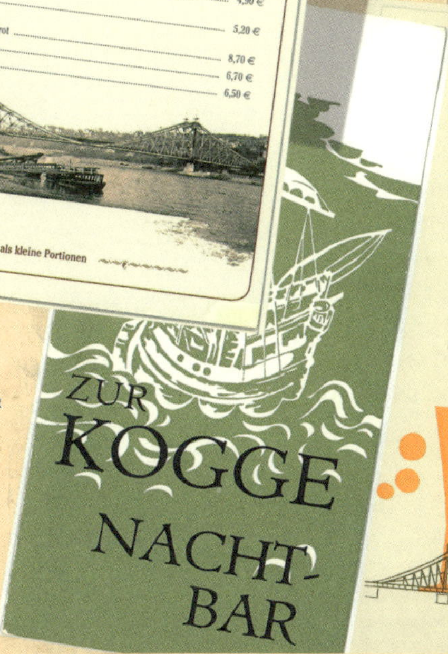

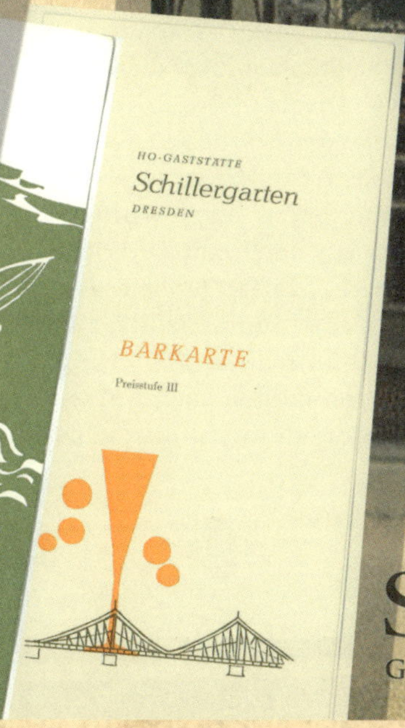

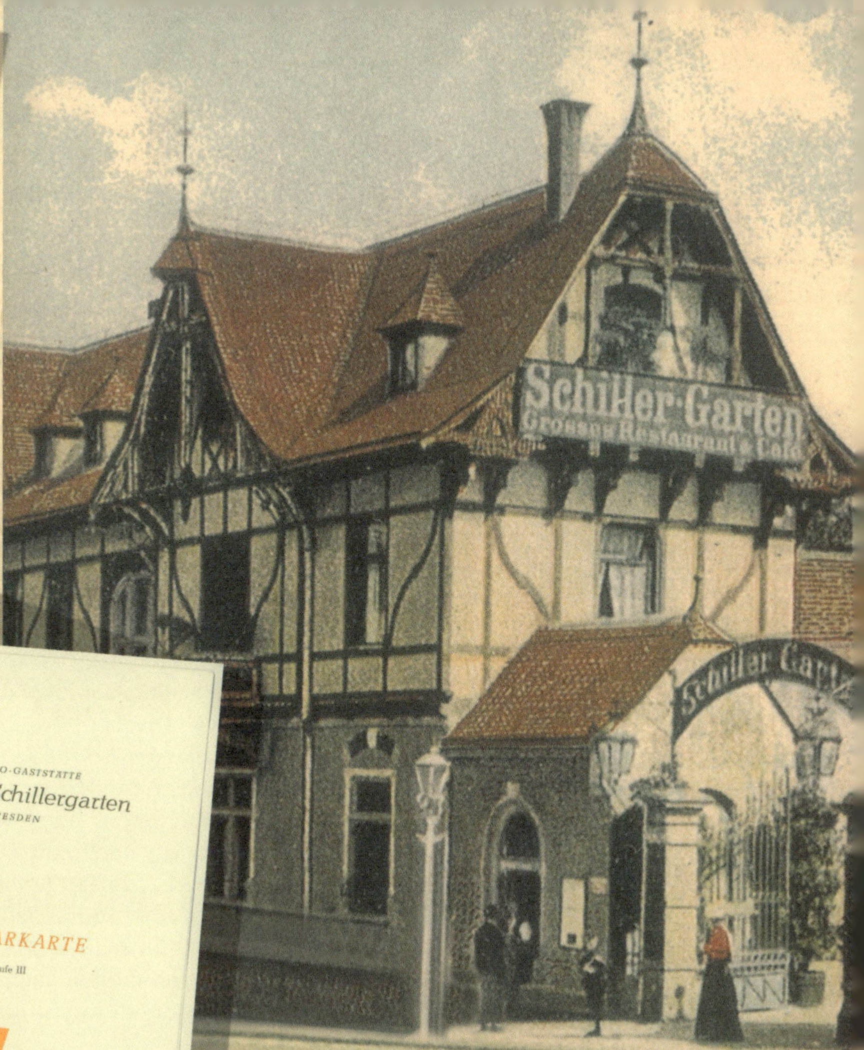

SEIT 1730

SchillerGarten

GROSSES RESTAURANT & CAFÉ

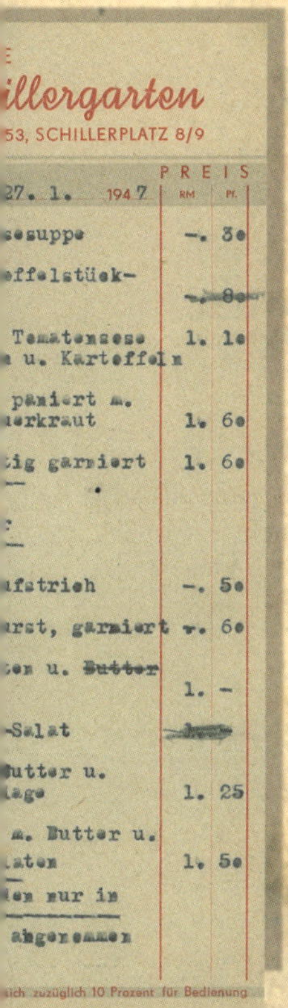

...E
...illergarten
...53, SCHILLERPLATZ 8/9

27. 1. 1947	PREIS RM	Pf.
...sesuppe	-.	3o
...offelstück-	~~-.~~	~~8o~~
... Tomatensose ... u. Kartoffeln	1.	1o
... paniert m. ...erkraut	1.	6o
...tig garniert	1.	6o
...fstrich	-.	5o
...rst, garniert	-.	6o
...en u. ~~Butter~~	1.	-
...-Salat	~~[illegible]~~	
...utter u. ...age	1.	25
... m. Butter u. ...aten	1.	5o
...en nur in ... abgenommen		

...sich zuzüglich 10 Prozent für Bedienung

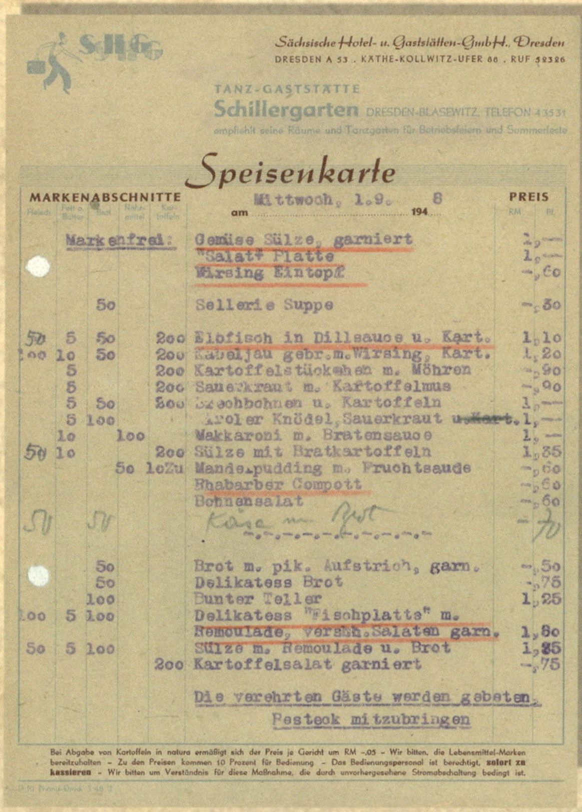

SHGG

Sächsische Hotel- u. Gaststätten-GmbH., Dresden
DRESDEN A 53 . KÄTHE-KOLLWITZ-UFER 88 . RUF 52326

TANZ-GASTSTÄTTE
Schillergarten DRESDEN-BLASEWITZ, TELEFON 43531
empfiehlt seine Räume und Tanzgarten für Betriebsfeiern und Sommerfeste

Speisenkarte

am Mittwoch, 1.9. 194 8

MARKENABSCHNITTE Fleisch	Fett o. Butter	Brot	Nährmittel	Kartoffeln		PREIS RM	Pf.
Markenfrei:					Gemüse Sülze, garniert	1,–	–
					"Salat" Platte	1,–	–
					Wirsing Eintopf	–,	6o
		5o			Sellerie Suppe	–,	5o
50	5	5o		2oo	Elbfisch in Dillsauce u. Kart.	1,	1o
100	1o	5o		2oo	Kabeljau gebr. m. Wirsing, Kart.	1,	2o
	5			2oo	Kartoffelstückchen m. Möhren	–,	9o
	5			2oo	Sauerkraut m. Kartoffelmus	–,	9o
	5	5o		2oo	Brechbohnen u. Kartoffeln	1,	–
	5	1oo			Tiroler Knödel, Sauerkraut ~~u. Kart.~~	1,	–
	1o		1oo		Makkaroni m. Bratensauce	1,	–
50	1o			2oo	Sülze mit Bratkartoffeln	1,	35
			5o	1oZu	Mandelpudding m. Fruchtsauce	–,	6o
					Rhabarber Compott	–,	6o
					Bohnensalat	–,	6o
50	50				Käse m. Brot	–	70
		5o			Brot m. pik. Aufstrich, garn.	–,	5o
		5o			Delikatess Brot	–,	75
		1oo			Bunter Teller	1,	25
1oo	5	1oo			Delikatess "Fischplatte" m. Remoulade, versch. Salaten garn.	1,	8o
5o	5	1oo			Sülze m. Remoulade u. Brot	1,	35
				2oo	Kartoffelsalat garniert	–,	75

Die verehrten Gäste werden gebeten, Besteck mitzubringen

Bei Abgabe von Kartoffeln in natura ermäßigt sich der Preis je Gericht um RM -.05 – Wir bitten, die Lebensmittel-Marken bereitzuhalten – Zu den Preisen kommen 10 Prozent für Bedienung – Das Bedienungspersonal ist berechtigt, **sofort zu kassieren** – Wir bitten um Verständnis für diese Maßnahme, die durch unvorhergesehene Stromabschaltung bedingt ist.

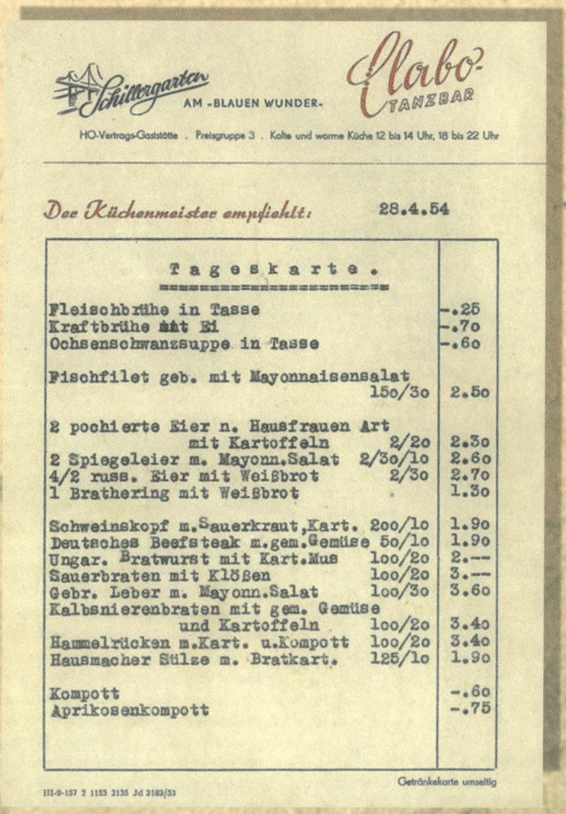

Schillergarten AM »BLAUEN WUNDER« Clabo-TANZBAR

HO-Vertrags-Gaststätte . Preisgruppe 3 . Kalte und warme Küche 12 bis 14 Uhr, 18 bis 22 Uhr

Der Küchenmeister empfiehlt: 28.4.54

Tageskarte.

Fleischbrühe in Tasse		-.25
Kraftbrühe mit Ei		-.7o
Ochsenschwanzsuppe in Tasse		-.6o
Fischfilet geb. mit Mayonnaisensalat	15o/3o	2.5o
2 pochierte Eier n. Hausfrauen Art mit Kartoffeln	2/2o	2.3o
2 Spiegeleier m. Mayonn.Salat	2/3o/1o	2.6o
4/2 russ. Eier mit Weißbrot	2/3o	2.7o
1 Brathering mit Weißbrot		1.3o
Schweinskopf m.Sauerkraut,Kart.	2oo/1o	1.9o
Deutsches Beefsteak m.gem.Gemüse	5o/1o	1.9o
Ungar. Bratwurst mit Kart.Mus	1oo/2o	2.--
Sauerbraten mit Klößen	1oo/2o	3.--
Gebr. Leber m. Mayonn.Salat	1oo/3o	3.6o
Kalbsnierenbraten mit gem. Gemüse und Kartoffeln	1oo/2o	3.4o
Hammelrücken m.Kart. u.Kompott	1oo/2o	3.4o
Hausmacher Sülze m. Bratkart.	125/1o	1.9o
Kompott		-.6o
Aprikosenkompott		-.75

III-9-157 2 1153 2135 Jd 3183/53

Getränkekarte umseitig

Der Schillergarten-Stollen

Alljährlich, wenn der Herbstwind die letzten Blätter durch den leeren Biergarten fegt, die Gäste übers regennasse Kopfsteinpflaster vom Parkplatz schnell ins Lokal huschen, dann verwandelt sich das alte Kino, der Biergartenausschank, in eine Stollenbackstube. Mehl, Hefe und Wasser – der Rest der Zutaten des Schillergarten-Stollens bleibt ein Geheimnis, das der hauseigene Patissier streng hütet. Vierzehn Ingredenzien sind es insgesamt und wie sie dosiert werden, das beschreibt ein 45 Jahre altes Rezept eines früheren Bäckermeisters. Wie es die Tradition des Originalen Dresdner Christstollens erfordert, wird der Teig nach dem Rühren portioniert und „geschlagen“, das heißt in die typische Stollenform gebracht. Nach Backen, Buttern und Zuckern lagert der Stollen etwa 14 Tage – dann hat er seinen vollen Geschmack entfaltet. Und dass er einen unverwechselbaren „Schillergarten-Stollen-Geschmack“ hat, das beweisen die vielen hundert Stück, die bis zum Weihnachtsfest in jedem Jahr verkauft werden; nicht nur im Lokal übrigens, sondern auch außer Haus im dekorativen Geschenkkarton. Auf diesem kann übrigens dann auch das Siegel „Original Dresdner Christstollen“ des Dresdner Stollenverbandes bewundert werden.

Ob Schiller bei seinen Besuchen im Schillergarten ebenfalls schon Stollen aß, ist nicht überliefert. 1474 wurde das Backwerk erstmalig erwähnt. Damals noch mittelalterliches, katholisches Advents-Fastengebäck, durfte Stollen weder Milch noch Butter enthalten. Papst Innozenz der VIII. gewährte Deutschland 1491 jedoch in seinem „Butterbrief“ Ablass für den Verzehr von Milchprodukten auch während der Fastenzeit. Damit trat der Dresdner Christstollen seinen Siegeszug an.

Urkunde

Anläßlich der neutralen Qualitätsprüfung wird dem Betrieb

Schillergarten Dresden GmbH

Dresden

die Berechtigung erteilt, seinen

Dresdner Stollen®

mit dem Qualitätssiegel zu kennzeichnen.

Schutzverband Dresdner Stollen e.V.

Dresden, 06.11.2006

Vorsitzender

Prüfer

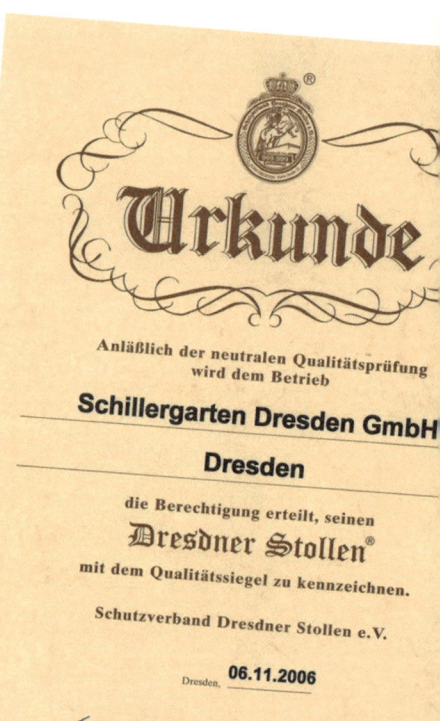

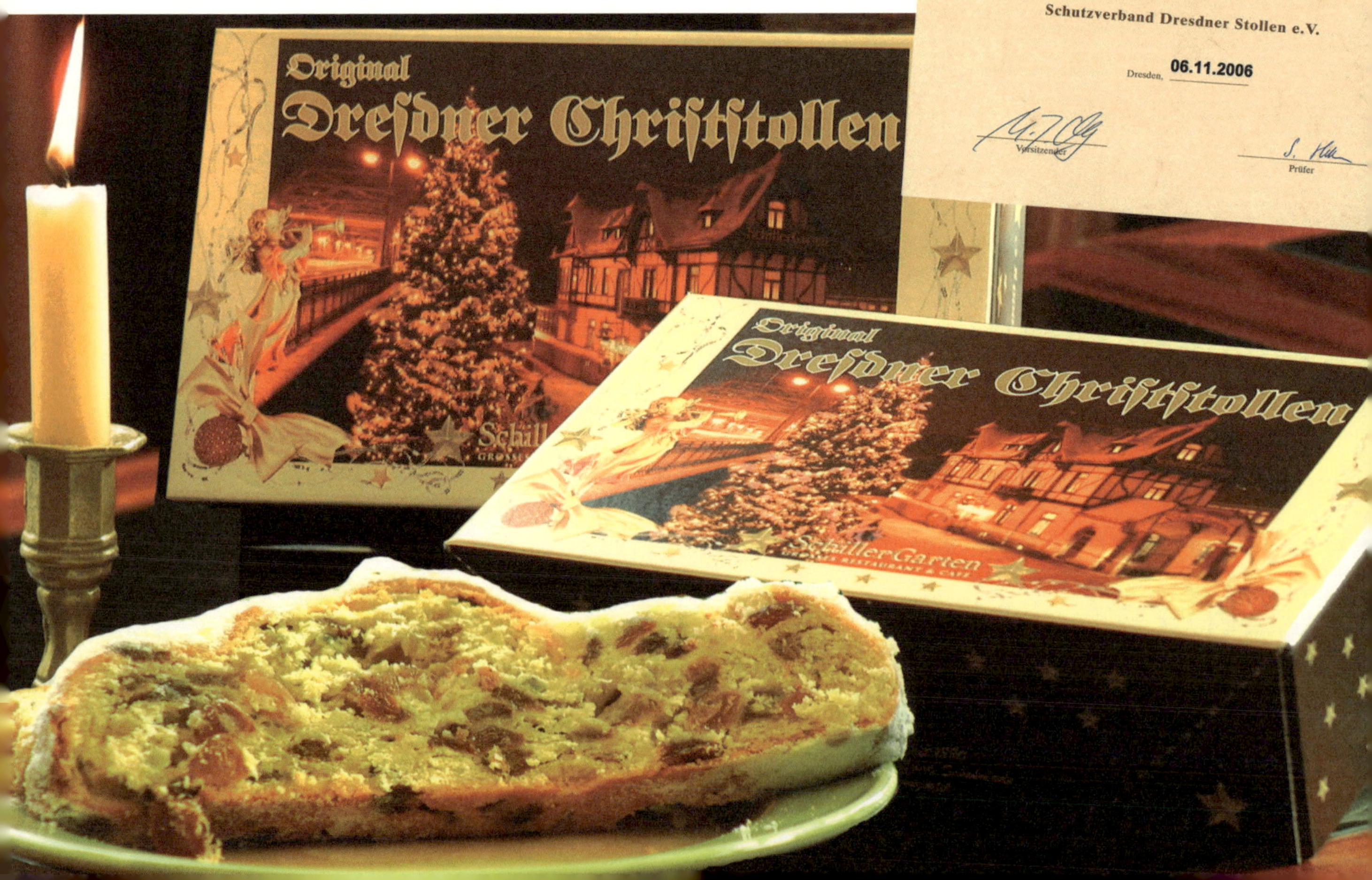

Max Feiereis dirigiert ein Konzert im Schillergarten

Feiern und Tanzen

Der Schillergarten war mindestens seit dem Jahr 1874, ab dem der legendäre Wirt Louis Köhler für die folgenden 20 Jahre die Geschicke des Hauses führte, vielleicht auch schon früher, nicht nur Gasthaus, sondern bot Kultur, Entspannung und Erholung. Das Spektrum war vielfältig, die Wirte hatten jede Menge Ideen und veranstalteten Bockbier-, Winzer- und Gartenfeste, Konzerte, humoristische Aufführungen, Faschings-, Silvester- und Kirmesfeiern, Operettenabende, ja sogar von einem Flottenfest gibt es Berichte. Nicht zu vergessen sind die zahlreichen Militärkonzerte Anfang des 20. Jahrhunderts, die unter reicher Illumination des Schillergartens, mit Gewehrsalven und Kanonendonner aufgeführt wurden. Später, nach dem Zweiten Weltkrieg, erlebte der Schillergarten unter dem ebenfalls legendären Wirtsehepaar Sonja und Claus Bongers eine weitere musikalische Blüte, sie etablierten Tanzveranstaltungen und Jazzmusik.

Das traditionsreiche Haus zog immer schon Menschen an, die neben guter Gastronomie niveauvolle Unterhaltung suchten, die voller Lebenslust waren und in Gemeinschaft mit anderen in wunderschöner Umgebung zusammen sein wollten. Eine besondere Rolle in der Feiertradition des Schillergartens spielten die Schillerfeiern.

— Dresdner Tageblatt. Seite 4. —

Sonnabend den 12. September Nachmittags 5 Uhr

im Schillergarten zu Blasewitz

Schiller-Jubiläums-Feier

zum Gedächtniss der erstmaligen Ankunft Friedrich Schiller's in Loschwitz-Blasewitz

am 12. September **1785**,

veranstaltet von dem Verein **„Dresdner Presse“** und dem Director des „Körner-Museums“, Dr. **Emil Peschel**, unter gefälliger Mitwirkung des Bürgerschullehrers **Albert Naumann**,

am gleichen Tage des Jahres **1885**.

Billets zu Mk. 3.—. und Mk. 2.—. sind in der Königlichen Hofmusikalienhandlung von **F. Ries** im Kaufhaus, sowie im **Schillergarten** in **Blasewitz** zu haben.

☛ An der Casse tritt Preiserhöhung ein. ☚

Etwaiger Reinertrag ist milden literar.-künstlerishen Zwecken zugedacht.

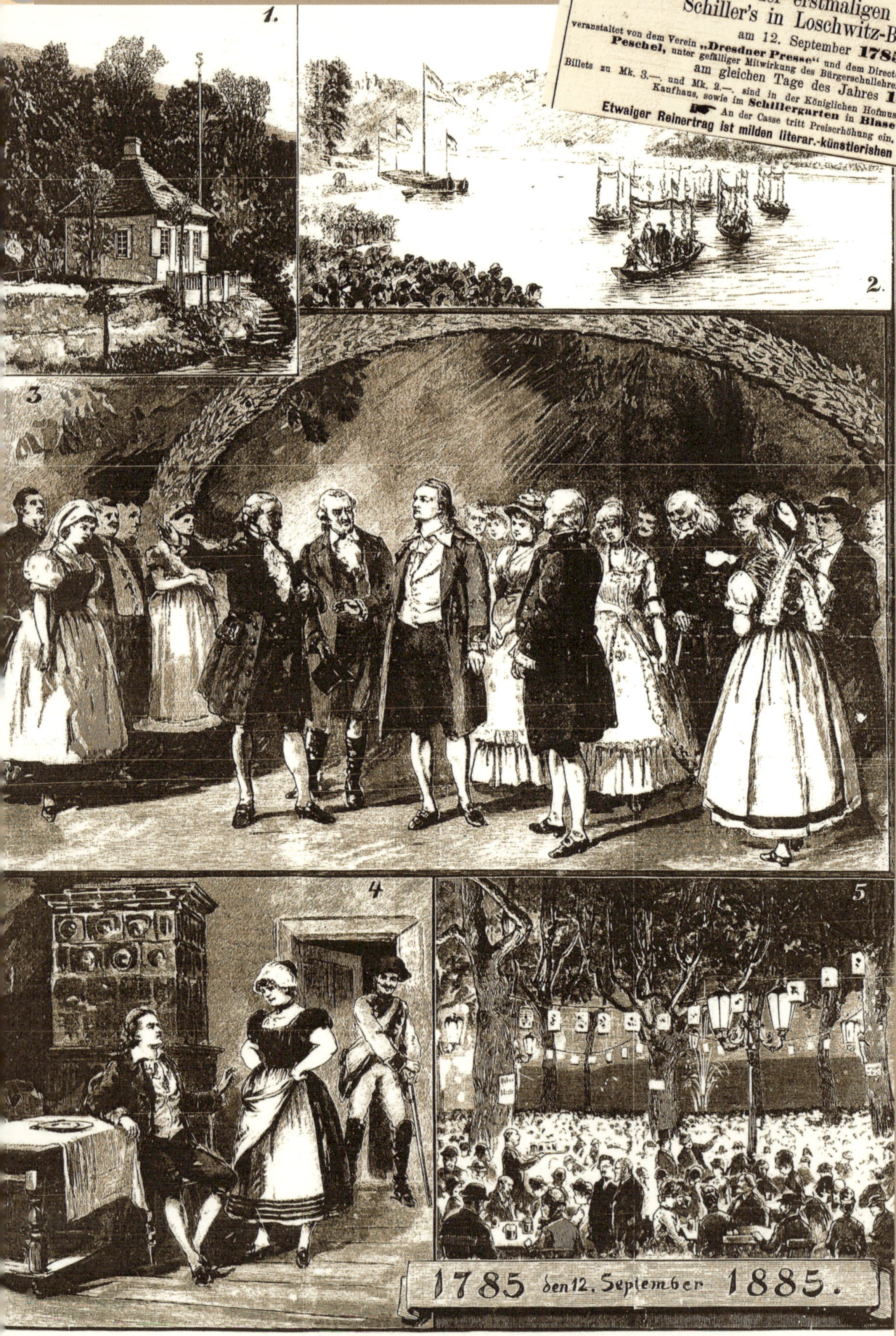

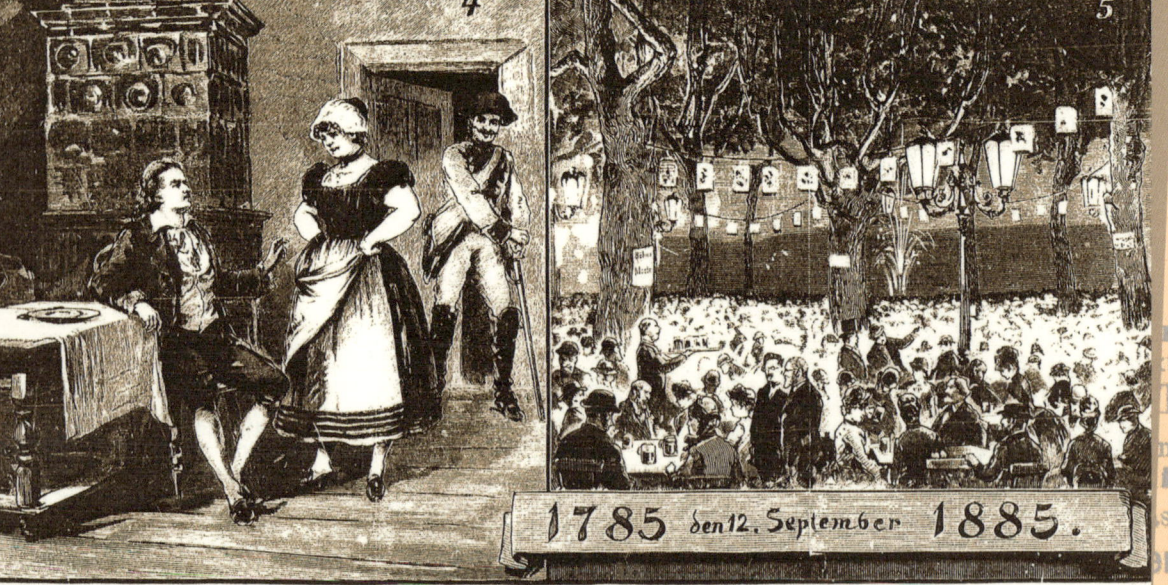

Die loschwitz-blasewitzer Schiller-Feier am 16. September. Originalzeichnung von E. Limmer.

1. Das Schiller-Häuschen in Loschwitz. 2. Ueberfahrt nach Blasewitz. 3. Festgruß an Schiller. 4. Die Gustel von Blasewitz. 5. Im Schiller-Garten zu Blasewitz.

Die Blasewitz-Loschwitzer Schillerfeiern

Im Jahr 1842 veranstalteten Männerchöre die erste Schillerfeier im Schenkhaus an der Elbe in Blasewitz, aber auch in Loschwitz. Die Sängerschaften der „Dresdner Liedertafel" und des „Orpheus" intonierten verschiedene Musikstücke, am Abend klang der ernstfestliche Tag im Schillergarten harmonisch aus. 100 Jahre lang, von 1855 bis 1955, war dieser dann Teil größerer Schiller-Erinnerungs- und Gedenkfeiern, die städtische Organisatoren oder Vereine gemeinsam mit den Wirten und Besitzern organisierten. Meist kamen dazu Tausende Menschen von überall her und erfreuten sich an musikalischen Darbietungen, Rezitationen, Theaterstücken, Fackelzügen und Feuerwerken. Blasewitz und Loschwitz ehrten den Dichter dabei gleichermaßen. Oft bewegten sich Festumzüge durch beide Stadtteile und die Gemeinden fühlten sich einander durch den Dichter verbunden.

Mai 1855: Ungezwungene Geselligkeit
Festlich geschmückte Dampfschiffe legten in Dresden an der Brühlschen Terrasse ab, um die Gäste der Schillerfeier elbaufwärts nach Blasewitz und Loschwitz zu bringen. Unter Böllerschüssen wurde am Schillerhäuschen eine Marmortafel enthüllt, die an Schillers Aufenthalt und seine fruchtbaren Arbeitsphasen in Loschwitz erinnerte. Der Dresdner Steinmetzmeister Uhlmann hatte diese Tafel unentgeltlich gestaltet sowie auch das Material der Platte gestiftet und wurde damit zu einem großzügigen Gönner der Schillerstiftung, die sich in jener Zeit gegründet hatte. Tausende Menschen waren gekommen, bevölkerten die Brücken, das Elbufer und die Loschwitzer Straßen, um den Festzug zu begleiten und die Dampfflotte zu verfolgen. Bei ungezwungener Geselligkeit erfreuten sich die Menschen in Loschwitz wie auch in Blasewitz.

September 1885: Vom Regen in den Sonnenschein
Wie aus Kannen goss es am Morgen des 12. September 1885 in Blasewitz. Der Regen der Nacht hatte die Gartenwege im Schillergarten aufgeweicht, die herbstlichen Blätter an den Bäumen trieften vor Nässe, und das Hotel Demnitz vis-à-vis in Loschwitz war vor Nebelschwaden kaum zu erkennen. Schon vor 100 Jahren, 1785, als Friedrich Schiller in der Nacht vom 11. auf den 12. September mit der Extrapost aus Leipzig in Dresden ankam, herrschte ein solch scheußliches Wetter. Den Weg vom Hotel „Goldener Engel", in dem Schiller zunächst abgestiegen war, bis zur Stadtwohnung seines Freundes Körner musste er in einer Portechaise zurücklegen, um nicht völlig durchgeweicht vor die Freunde zu treten. Nun, 100 Jahre später, waren die Organisatoren des Vereins Dresdner Presse, Dr. Bieren und Hermann Thenius, höchst unglücklich, schien doch die geplante Feier zur Erinnerung an Schillers erstmaliges Eintreffen in Loschwitz ins Wasser zu fallen.

All die Vorbereitungen, Überraschungen und Bemühungen sollten jedoch nicht ganz vergebens gewesen sein und man entschloss sich, die Feier auf den 16. September zu verschieben. Wie zu allen Zeiten gab es auch dafür Kritiker, die in der Verschiebung eine Entwürdigung Schillers sahen, doch die Mehrzahl der Menschen wird sich gefreut haben. An diesem 16. September nun durchflutete „goldiger Sonnenschein" das Elbtal, wie die „Leipziger Illustrierte Zeitung" schrieb, die Veranstalter, zu denen auch der Gründer des Körnermuseums Dr. Emil Peschel zählte, atmeten auf.

Sowohl Blasewitz als auch Loschwitz glichen an jenem Tag einer einzigen großen Theaterbühne. Beide Orte waren prächtig geschmückt und Tausende Besucher und Festteilnehmer waren gekommen, ihre Schillerverehrung zu bezeugen und an dem großartigen Ereignis teilzunehmen. Ein Höhepunkt war zweifellos die nachgestellte Szene der Überfahrt Schillers gemeinsam mit der Körnerschen Familie vom Loschwitzer Elbufer nach

Bild linke Seite: Beilage der „Leipziger Illustrierten Zeitung"
vom 3. Oktober 1885 zur Darstellung der Schillerfeier von 1885

„Als ich früh erwachte, bemerkte ich zu meiner Freude, daß das Wetter herrlich war. Gegen 11 Uhr wurde ich von Friedchen abgeholt, blieb bei ihr bis um 1/2 1 Uhr und ging zu Tisch zu Hochs und mit ihnen nach 2 Uhr in den Schillergarten, wo heute das Schillerfest nachgeholt wird. Wir würden keinen Platz mehr bekommen haben wenn nicht die guten Geheimer Rat von Craushaars seit zwei Stunden Plätze für Beusts und uns reserviert hätten. Die Überfahrt Schillers und der Körnerschen Familie von Loschwitz nach Blasewitz konnten wir nicht sehen. Schiller, von dem Schauspieler Hartmann gegeben, war ausgezeichnet und trat in dem kleinen Stücke "Die Gustel von Blasewitz" auf. Nun trug der Dresdener Lehrergesangverein einiges vor: Cörners ergreifende, von C. M. v. Weber componierte Dichtung: "Gebet, das feurige Schwertlied" und "Mutterseelenallein" v. Braun. Während dem war der Abend herangekommen und der Schillergarten wurde nun durch unzählige Lampions erhellt. Nun erschienen schöne Lichtbilder "Illustrationen aus Schillers Werken", "Carlos", "Wallenstein", "Maria Stuart", "Jungfrau", "Braut von Messina" und "Tell" und alsdann hervorragende Momente aus Schillers Lied von der Glocke. Von diesem Allen konnten wir nur wenig sehen, da dickere Vorderleute meist aufstanden und wir dies aus Rücksicht nicht thaten, außerdem störte uns noch eine Laterne. Ein prachtvolles Feuerwerk beschloß die Feier, leider warteten wir dieses nicht mehr ab."

Aus dem Tagebuch von Margarethe von Göphardt, die an der Schillerfeier 1885 teilnahm.

Blasewitz sowie seine Ankunft im Schillergarten. Hofschauspieler Hartmann stellte Schiller dar, Hofschauspieler Spieß den Körner. Alle Beteiligten traten in Kostümen aus Schillers Zeit auf, was die Darstellungen belebte und die Authentizität steigerte. Am Ufer in Blasewitz begrüßte Residenztheaterdirektor Karl als kurfürstlich sächsischer Kapellmeister Naumann verkleidet die Ankommenden. Neben der „Gustel von Blasewitz" und einem kursächsischen Trompetenchor zog die Gesellschaft in den festlich geschmückten Schillergarten, wo schon das nächste Spektakel begann: Die Mitglieder des Dresdner Residenztheaters spielten das Stück „Die Gustel von Blasewitz" von Sigismund Schlesinger und fanden ein hingerissenes und dankbares Publikum, für dessen bestes Wohl Schillergarten-Wirt Louis Köhler sorgte. Zu späterer Stunde – der Schillergarten war nun mit bunten Lichtern und Lampions illuminiert – sang der Dresdner Lehrergesangverein und Optiker Kändler zauberte mit „elektrischem Licht Illustrationen zu Schillers Werken auf eine Leinwand". Den Höhepunkt der Nacht bildete ein Höhenfeuerwerk. Dessen bunte Lichter, Raketen und Leuchtkugeln erhellten weithin den Nachthimmel, der schon durch zahlreiche illuminierte Häuser, bengalische Feuer und Fackeln erleuchtet war. Es war eine unvergessliche Nacht für alle Beteiligten.

Mai 1905: Das Fest in Weiß
Ganz wohl gesonnen war das Wetter der Schillerfeier am 9. Mai im Jahre 1905 ebenfalls nicht, als man den 100. Todestag Schillers begehen wollte. Grau und trübe der Morgen nach einer regnerischen Nacht, aber dann am Nachmittag klarte es auf, auch wenn immer wieder dunkle Wolken die Sonne verdeckten und es sehr kühl gewesen sein muss. Gleichfalls überschatteten verschiedene Streitigkeiten über ein „richtiges" Schillerdenkmal, das die Gemeinde zu Ehren des Dichters aufstellen wollte, die Vorbereitungen. Im April 1904 bereits hatte sich ein Komitee konstituiert, das die verschiedenen Vorschläge für ein Denkmal prüfen und anschließend der Öffentlichkeit vorstellen wollte. Nicht alle waren begeistert, wie eine Leserzuschrift zeigt. Man möge sich eher um die Brotverteilung kümmern als um ein neues, unnützes Denkmal, gab der Schreiber zu bedenken.

Für die Feierlichkeiten am 9. Mai 1905 hatte der Urenkel Friedrich Schillers, Freiherr Alexander von Gleichen-Rußwurm, das Ehrenpräsidium gemeinsam mit Regierungsrat von Craushaar übernommen. Anders als bei der Schillerfeier 1885 bereiteten die Verantwortlichen weniger ein Volksfest als ein würdiges, ernstes

Bild oben: Erinnerungstafel an Schiller, 1905 gestiftet von der Besitzerin Sidonie von Gamm
Bild unten: Die Schillerlinde mit der Schiller-Gedenksäule, 1955
Bild rechte Seite: alte Postkarte zum 100-jährigen Todestag Schillers

Gedenken an den Dichter vor. Bunte Farben zur Dekoration waren unerwünscht, Weiß war angesagt, und alle Bewohner in Blasewitz und Loschwitz wurden aufgerufen, mit Beflaggung und Schmücken der Häuser das Fest verschönern zu helfen. Die Firma Emil Müller aus Dresden hatte eine Schillermedaille hergestellt, deren Muster und Subskriptionslisten unter anderem bei Schillergarten-Wirt William Weise zu erhalten waren. Die Münzenfirma Richard Diller aus Dresden erklärte sich ebenfalls bereit, Feinsilber- und Bronzeexemplare einer Gedenkmünze zu schaffen – wenn es genügend Vorbestellungen gäbe. Die Vorderseite sollte allegorische Darstellungen sowie ein Schiller-Porträt enthalten, auf der Rückseite war die Abbildung des Schillerhäuschens in Loschwitz geplant. Schon in vergangener Zeit hatte diese Firma Kirchen- und Brückentaler, Feuerwehr- und Goethegarten-Gedenkmünzen hergestellt.

Am Nachmittag des 9. Mai nun begann die Schillerfeier zeitgleich sowohl im Schillergarten in Blasewitz als auch im Hotel Demnitz in Loschwitz. „Die Verkehrsmittel waren kaum ausreichend", schrieb eine Zeitung und berichtete weiter von einem „Menschenstrom aus der benachbarten Hauptstadt in unsere reizend gelegenen Vororte". Auf dem Musikprogramm standen Werke von Mozart, Beethoven und Wagner, Bach und Rossini. Die alte Schillerlinde im Schillergarten erhielt eine kupfergetriebene Erinnerungstafel, die nach einem Entwurf von Karl Emil Scherz ausgeführt worden war und deren Text lautete: „Freue dich, dass die Gabe des Lieds vom Himmel herabflammt. Dass der Sänger dir singt, was ihn die Muse gelehrt! Weil der Gott ihn beseelt, so wird er dem Hörer zum Gotte. Weil er der Glückliche ist, kannst du der Selige sein." Nach verschiedenen Programmpunkten in beiden Häusern und musikalischen Darbietungen, an denen unter anderem 400 Sänger des Elbgausängerbundes sowie verschiedene Gesangvereine teilnahmen, steuerte das Fest seinem Höhepunkt zu: dem gemeinsamen Fackelzug mit etwa 150 Fackelträgern unter Führung des Blasewitzer Architekten Karl Emil Scherz zum Schillerhäuschen. Über eineinhalb Kilometer Uferbeleuchtung wurde installiert und bot einen großartigen Anblick. Einen imposanten Eindruck vermittelte der Körnerplatz, der in bengalischem Licht erstrahlte und dessen Häuser in rote und grüne Lichter getaucht waren. Wie eine feurige Schlange zog sich die Festgesellschaft zum Schillerhäuschen hinauf.

Die Tradition der Schillerfeiern endete 1955 zu Schillers 150. Todestag. Die damalige Pächterin des Schillergartens, Sonja Bongers, führte eine schlichte Feierstunde an der Schiller-Gedenksäule durch, die kurz zuvor restauriert worden war.

MILITÄRKONZERTE ANFANG DES 20. JAHRHUNDERTS

„Zwei derartige Schlager an einem Abende sind bis jetzt noch nie geboten worden." Dies schrieb die „Sächsische Dorfzeitung und Elbgaupresse" am 11. August 1909 über eine Musikveranstaltung im Schillergarten. Mit „Schlagern" meinte sie allerdings nicht das, was wir heute darunter verstehen, sondern den „Brand von Moskau", ein düsteres Stück von Tschaikowski, und das „Schlachtenpotpourri" von Saro. Zum Teil mehrfach wöchentlich wurden Anfang des 20. Jahrhunderts die Militärkonzerte aufgeführt, gespielt von Königlich Sächsischen Schützenregimentern und Kapellen der Leibgrenadier- oder Gardereiter-Regimenter. Die Aufführungen wurden „mit stürmischem Glockengeläute" begleitet, und zur optischen Untermalung eines „Brandes" kamen schon mal 100 Kilogramm Buntfeuer zur Verwendung. Gewehrsalven und Kanonenschläge wurden musikalisch intoniert und bei Eintritt der Dunkelheit „wird das ganze Etablissement feenhaft und vollständig illuminiert sein", schrieb die Zeitung. Wenn dann noch das große „Tongemälde der Völkerschlacht bei Leipzig" intoniert wurde, erreichte die Begeisterung ungeahnte Ausmaße. Was für Ereignisse zur damaligen Zeit! Der Eintritt betrug 50 Pfennig pro Person. Obwohl es auch in anderen Lokalitäten wie dem Kurhaus in Kleinzschachwitz oder auf dem Luisenhof Militärkonzerte gab, waren die im Schillergarten immer etwas Besonderes. Die Anziehungskraft der Konzerte war so immens, dass mitunter polizeiliches Eingreifen notwendig war und der Straßenverkehr zum Erliegen kam.

Einmal, im Juli 1909, war der Schillergarten erneut so überfüllt, dass die musikbegeisterten Menschen auch am Elbufer auf dem so genannten „Leinpfad" Platz suchten, um in den Musikgenuss zu kommen. Passanten, die sich durch die Menge den Weg bahnten, aber auch mit frechen Bemerkungen den Konzertverlauf störten, mussten von der Polizei weggeführt werden, die anschließend den Leinpfad freihielt. In der Presse diskutierte man fortan, zukünftig Verbotsschilder aufzustellen, die das Stehenbleiben auf dem Leinpfad vor dem Schillergarten verhindern sollten; offenbar wurden sie dann doch nicht aufgestellt. Zu den Konzerten einige Jahre später, 1912, kamen so viele Menschen, dass auch das Eingreifen der Polizisten ergebnislos war – der Leinpfad blieb verstopft. Zu allem Unglück brachen zwölf Meter des Geländers der Kaimauer weg, auf dem sich im völlig überfüllten

Die „Blauen Gardereiter", ein viel gerühmtes Militär-Musikkorps

Garten Gäste niedergelassen hatten, sie wurden zum Teil recht schwer verletzt. Von einer „ungeheueren Völkerwanderung" berichtet die Zeitung im Mai 1921, als nicht nur ein Konzert im Schillergarten, sondern auch noch im benachbarten Dampfschiffhotel stattfand. Wieder war der Leinpfad restlos verstopft, die Polizei machtlos und es war unmöglich, von der Wasserseite in den Schillergarten zu gelangen.

Aber auch andere Ereignisse im Schillergarten hatten zahlreiche Besucher, wie das Sommerfest des Evangelischen Arbeitervereins, an dem 1911 über 1.000 Besucher teilnahmen, die Feste des Frauenvereins oder Konzerte mit dem „Elite-Damen-Blasorchester Lyra". Frau Missionarin Ehehalt-Elberfeld sprach mit Vorträgen wie „Gott und die Welt", „Palimente – die wunderbare Zahl der Bibel" oder „Ist das Ende der Welt nahe" dagegen einen ganz anderen Gästekreis an.

Trotz Beginn des Ersten Weltkrieges 1914 wurden die Militärkonzerte im Schillergarten fortgeführt. Nunmehr konzertierten auch Kapellen, die auf Heimaturlaub waren und bald darauf wieder ins Feld mussten. Auch nach dem Krieg gingen diese Konzerte weiter bis in die 1920er Jahre. Aufgrund der beginnenden Weltwirtschaftskrise, den sich extrem verteuernden Papierpreisen werden die Zeitungen allerdings systematisch ausgedünnt, Redakteure entlassen, so dass kaum noch Anzeigen über lokale Ereignisse zu finden sind.

Zwischen Klassik und Tanz: Musik in den 1950er Jahren

Musik der ganz anderen Art, als die im Schillergarten aufgeführte, gab es in den 1950er Jahren mitunter auf dem Schillerplatz. Immer dann, wenn Traudel Uhlemann im weißen Kittel eine Herde Kühe vom nahe gelegenen Stall über den Platz trieb, hörte man ein lautes Glockengeläut, untermalt vom tiefen „Muh" der Kühe, die sich auf das frische Grün der Elbwiesen freuten. Ihren „Hinterlassenschaften" mussten die Gäste des Schillergartens, die am Abend zum Tanz von überall her eintrafen, geschickt ausweichen. Wahrscheinlich wurde zu keiner Zeit im Schillergarten so viel getanzt wie zu Beginn der 1950er Jahre unter dem Gastwirtsehepaar Bongers. Die Dresdner Tanzsinfoniker unter Günter Hörig begannen im Schillergarten ihre Karriere, Kultbands wie Theo Schumann, das Jochen Fischer Quartett, die Pepitas oder Heinz Kunert boten ein Musikprogramm voller Abwechslung. Von Heinz Kunert stammt im Übrigen auch der „Schillergarten-Tango", in dem es heißt: „Fahr mal mit der 6, mein Schatz, vom Wilden Mann zum Schillerplatz. Denn im Schillergarten tanzt man noch den Tango wie vor vielen Jahren". 1952 eröffnete im Schillergarten die „Clabo-Bar".

Anfang der 1950er Jahre machte auch ein Mann im Schillergarten erneut von sich reden, der eigentlich Militärmusiker war und noch 1914 von König August III. zum „Königlich Sächsischen Musikdirektor" ernannt wurde: Max Feiereis. Zu den so genannten „Feiereis-Konzerten" strömten über 1.000 Menschen in den Schillergarten. Er spielte mit dem „Dresdner Konzert-Orchester" Wagner, Verdi und Beethoven sowie beliebte Operettenmelodien; vorbei waren die Zeiten des Gewehrfeuers und Kanonendonners. Wer im Biergarten keinen Platz mehr fand, setzte sich wie früher an die Elbe und genoss von da aus die weithin hörbare Musik. Ab und an, so erinnerte sich Sonja Bongers einmal, musste sogar das Blaue Wunder gesperrt werden, weil zu viele Leute die Brücke bevölkerten und in den Genuss der Musik kommen wollten. An den normalen Wochenenden standen die Leute oft schon um 16 Uhr bis zum Schillerplatz an, um pünktlich 18 Uhr im Lokal zu sein. Feiereis hatte schon in den 1920er Jahren viele Konzerte mit unglaublich großem Publikumszuspruch durchgeführt, so im August 1921 mit über 60 Musikern des Dresdner Philharmonischen Orchesters.

Bild links oben: Tanzfläche im Schillergarten Anfang der 1950er Jahre
Bild rechts oben: Live-Musik im Schillergarten
Bild rechts unten: Traudel Uhlemann (im weißen Kittel) treibt eine Kuhherde über den Schillerplatz an die Elbwiesen, etwa 1955

Doch Rock'n Roll, Tango und Samba riefen in DDR-Zeiten auch die Genossen auf den Plan, die um das Wohl der „sozialistischen Kultur" bangten. In einem Artikel vom 17. Juni 1950 schrieb die „Sächsische Zeitung": „Schlechte Intonationen, übertriebene musikalische Verzerrungen (das Saxophon beispielsweise: ‚heulando' statt vibrato), das Mittreten des Taktes mit den Füßen, idiotische Schlagertexte, körperliche Verrenkungen – all diese Äußerungen westlicher Unkultur, die sich in Sambas, Boogie-Woogies usw. auch auf unseren Tanzflächen austoben, haben nichts zu tun mit dem Bedürfnis unserer arbeitenden Menschen nach erhöhter Lebensfreude durch den Tanz. Aber, so wies Prof. Goldhammer (vom Ministerium für Volksbildung, d. Red.) nach, dieser Rummel hat sehr viel damit zu tun, die Menschen abzulenken vom demokratischen Aufbau, sie einzuschläfern in ihrem Kampf um den Frieden und um eine Erneuerung unserer Kultur." Ob die Besucher des Schillergartens weniger aufmerksam beim demokratischen Aufbau waren, ist zu bezweifeln, auch hatten sie von ihren Tanzabenden möglicherweise ganz andere Erinnerungen, als die offiziell propagierten: „Alles in allem war dieser Abend keine Erholung für den Werktätigen, der es einmal wagt, zum Tanz zu gehen. Hoffentlich überprüft die Kapelle Kunert einmal ihren Notenvorrat." Ungeachtet dieser öffentlichen Verdammnis erfreuten sich die Tanzkapellen größter Beliebtheit, die Säle waren voll.

Am 2. Januar 1958 erließ das Ministerium für Kultur der DDR die „Anordnung über die Programmgestaltung bei Unterhaltungs- und Tanzmusik". Darin war vorgesehen, dass von nun an bei allen Veranstaltungen 60 Prozent Werke von Komponisten der DDR oder der „Volksdemokratien" aufweisen mussten, und alle übrigen Werke nur dann aufgeführt werden durften, wenn deren Noten im Rahmen der gesetzlichen Außenhandelsbestimmungen in die DDR eingeführt worden waren. Dies galt natürlich auch für die Kapellen, die im Schillergarten auftraten. Vorschriftsmäßig reichten die Musiker ihre „60:40 Liste" ein, doch so mancher musste ein „Ordnungsstrafverfahren wegen Proportionsverletzung" über sich ergehen lassen, weil er mehr „Westmusik" spielte als erlaubt. Mit bis zu 200 DDR-Mark wurde es geahndet, wenn die Musikkontrolleure der AWA, der „Anstalt zur Wahrung der Aufführungsrechte auf dem Gebiete der Musik", herausfanden, was tatsächlich gespielt wurde.

Auch in den 1960er und 1970er Jahren wurde im Schillergarten noch getanzt. 1,50 Mark Eintritt kostete es, ab 18 Uhr war Einlass, wer keinen Schlips hatte, konnte sich einen aus Plaste am Eingang ausleihen.

Bild oben: Der legendäre Max Feiereis
Bild unten: Wirt Claus Bongers (re.) mit einem Drink an der Bar

Besondere Gäste im Schillergarten

Der Legende nach war wohl Gräfin Cosel der erste besondere Gast im Schenkhaus an der Elbe. Darüber, wer sonst noch hier einkehrte, gibt es nicht viele verbriefte Zeugnisse. Zwar hat Blasewitz über die Jahre eine Reihe bedeutender und bekannter Personen empfangen, doch ob sie auch im Schenkhaus an der Elbe und späteren Schillergarten einkehrten, ist nicht bekannt. So weilten Richard Wagner, Ignacy Kraszewski, der Schriftsteller der so genannten „Sachsen-Trilogie", Karl May, Ferdinand Avenarius, die Rachmaninows und der Sohn Alfred Krupps im Stadtteil an der Elbe. Dieser Friedrich Alfred Krupp heiratete sogar in Blasewitz und wurde von Gemeindevorstand Tauscher getraut. Der Vater seiner Braut Eva Franziska Charlotte Margarethe Freiin von Ende, der preußische Oberpräsident Karl Ludwig August Freiherr von Ende, wohnte hier. Von einer Hochzeitsfeier im Schillergarten ist leider nichts bekannt.

Mit einer Zeitungsnotiz bestätigt ist der Besuch des Preußischen Generalfeldmarschalls Graf Moltke im Schillergarten im Mai 1884. Moltke weilte zu Besuch bei seinem Neffen, spazierte kreuz und quer durch Blasewitz, besuchte den Schillergarten und genoss Spaziergänge an der Elbe. Einige Jahre später, 1889, weilte Prinz Friedrich August im Kreise der Offiziere des von ihm befehligten Regiments im Schillergarten. Er kam mit dem Dampfschiff, lauschte einem Konzert im Garten und fuhr mit dem so genannten „Musikschiff" wieder nach Dresden zurück. Am 9. Dezember 1902 kaufte die Kronprinzessin Luise mit ihrem Gemahl Stollen, allerdings bei Louis Köhler im gegenüberliegenden Café Toscana. Der König und Prinzessin Mathilde ließen 1903 ihren Wagen am Schillerplatz halten, machten einen Schaufensterbummel bis zur Tolkewitzer Straße, kehrten allerdings auch nicht im Schillergarten ein. Stattdessen richtete der König „huldvoll" einige Fragen an die Menschen in der aufgelaufenen Menge, bevor das Paar wieder im Wagen davonfuhr. Regelrecht die Flucht ergriff ein Mann im Schillergarten, der landläufig als der „Hauptmann von Köpenick" bekannt war. Der Schuhmacher Wilhelm Voigt, so sein bürgerlicher Name, sorgte 1912 bei seinem Konzertbesuch „mit der ihm eigenen Routine dafür", dass man auf ihn aufmerksam wurde. Schnell war er umringt von Menschen, die ihn anstarrten und das war ihm wohl zu viel. Er ließ sich mit der Fähre übersetzen und verschwand aus dem Getümmel.

Bild oben links: Die Kapelle Heinz Kunert (am Vibrafon, 3.v.l. Theo Schumann)
Bild oben rechts: Günter Hörig und die Dresdner Tanzsinfoniker

Der Schillergarten heute

Besitzerwechsel und Sanierung nach der Flut 2002

So wie fast jeder Besitzer oder Wirt den Schillergarten nach seinen Bedürfnissen und den Erfordernissen der Zeit veränderte, planten auch die neuen Eigentümer Frank Baumgürtel, Steffen Brasche und Thomas Jacob den Umbau 2003 nach verschiedenen Gesichtspunkten. Einerseits sollte die historische Tradition des Hauses gepflegt werden, andererseits musste das Lokal modernen gastronomischen und auch hygienischen Anforderungen gerecht werden. Hinzu kamen Erfordernisse, die sich aus dem Hochwasserschutz ergaben und die Planer der bauausführenden IPRO Dresden Planungs- und Ingenieuraktiengesellschaft vor so manche Herausforderung stellten.

Das Prinzip des Architekten Gerhard Zobler war es, in sich abgeschlossene und doch offene Räumlichkeiten im Erdgeschoss zu schaffen, die völlig unterschiedlichen Charakter haben und durch geschickt inszenierte Blickbeziehungen zu einer Einheit verschmelzen. So entstand in der Mitte der zentrale Schankraum, der mit dunkel getäfeltem Holz, bequemen Lederbänken, Holzstühlen und Zinntischen ausgestattet wurde. Beeindruckender Blickfang ist hier die lange Bar mit sehenswertem Zinntresen. Vom Schankraum aus direkt erreichbar ist das so genannte Kaminzimmer, dessen Schmuckstück, ein antiker Villeroy&Boch-Kamin ist, der im Winter zu besonderen Anlässen vom Wirt Frank Baumgürtel persönlich angeheizt wird. Der historische Wintergarten schließt sich an das Kaminzimmer an, die große Fensterfront lässt wunderschöne Blicke auf die Loschwitzer Hänge und das „Blaue Wunder" zu. In diesem mit rotem Korbgestühl möblierten Wintergarten läuft der Gast übrigens auf „heiligem Boden", altem Kirchenfußboden, der aus einer abgetragenen bayerischen Kirche stammt. Zur Straßenseite lädt das Eckzimmer ein, dessen holzvertäfelte Decke einen Blick wert ist. Die Wände im Schillergarten sind überall geschmackvoll mit historischen Fotos, Postkarten und nostalgischen Drucken geschmückt.

Bild linke Seite: der Schankraum des heutigen Schillergartens
Bilder unten v.l.: Wintergarten und Schankraum heute und jeweils in der Bauphase 2004

Die obere Etage teilen sich mehrere Gesellschaftszimmer, von denen das zur Elbe gelegene „Elbzimmer" wohl das schönste Ambiente aufweist. Aber auch die beiden anderen Räume mit ihrer einladenden Innenarchitektur haben ihr ganz eigenes Flair.

Der Hochwassergefahr geschuldet, beherbergt das Obergeschoss im alten Schweizerhaus außerdem die gesamte Haustechnik. Im Dachgeschoss befinden sich die Büros der Eigentümer, im Keller die Gäste-WCs für den Biergarten sowie innerhalb der hochwassersicheren „Weißen Wanne" die Kühlräume, aus denen durch die Decke die Zapfanlage im Schankraum gespeist wird. Unterirdische Leitungen durch den Biergarten befördern die Getränke außerdem von diesem Kühlraum in den Biergartenausschank im alten Kino. Das Bier wird im Schillergarten übrigens in fahrbaren, direkt in der Brauerei befüllten Tanks zu je 500 Litern angeliefert.

Zur Straßenseite blieb der Schillergarten so, wie er schon auf alten Postkarten um 1900 zu sehen ist. Das kleine Torhäuschen rechts neben der Toreinfahrt fungiert nunmehr als beliebter Eisstand, in dem Eis eigener Herstellung für die Laufkundschaft verkauft wird.

Auch der Biergarten mit seinen über 1.000 Plätzen wurde neu gestaltet. Das Landschaftsarchitekturbüro Simonsen stattete ihn mit der eigens entwickelten „Sächsischen Wegedecke Parkweg" aus, ein helles Kieselgemisch, das wunderbar zu den dunklen Tischen und Stühlen passt. Bei der Bepflanzung gingen die Landschaftsarchitekten „nach dem Kalender" vor: Zu jeder Jahreszeit sollte möglichst immer etwas blühen. So gibt es Magnolien, Rhododendren, Malven, Kastanien und weitere Pflanzen. Gewässert wird diese Pflanzenwelt mit Regenwasser, das in einer unter dem Hof befindlichen Regenwasserzisterne gesammelt wird.

Bilder unten: Während der Bauphase 2004
Bilder rechte Seite: Impressionen aus dem heutigen Schillergarten

Ein Gasthaus voller Leben

Der heutige Schillergarten mit seinen vielfältigen Räumlichkeiten und dem großen sonnigen Biergarten hat sich nach seiner Wiedereröffnung im November 2004 schnell zu einem lebhaften Gasthaus entwickelt. Das Besondere an ihm ist seine Anziehungskraft auf die verschiedensten Menschen. Da sind die „Alten", die ihrem Schillergarten die Treue halten und zu Kaffee und Kuchen den Wintergarten bevölkern. Da kommen aber auch die Jungen im Freundeskreis in den Biergarten und auch die Freundinnen zum Schwatz. Es kommen Familien mit ihren Kindern auf den sicheren Spielplatz, der an der alten Gartenmauer zum Spielen, Klettern, Toben einlädt, es kommen Menschen zu Familienfeiern in die Gesellschaftsräume und Geschäftsleute mit ihren Partnern zum Mittagessen. Sie alle haben „ihren" Schillergarten gefunden.

Mit vielseitigen Veranstaltungen setzt das Traditionshaus Akzente im kulturellen Leben des Stadtteils und der ganzen Stadt. Alljährlich ist es Spielort während des Internationalen Dixielandfestivals, der ganze Biergarten ist dann voller Menschen. Bis hinunter zur Elbe vergnügen sich die Gäste und genießen die Klänge. Kommen dann die Dampfer der Sächsischen Dampfschiffahrt auf ihrer Riverboatshuffle vorbei, werden sie mit Feuerwerk und Musik begrüßt. Zur Tradition ist auch die stimmungsvolle Silvesterfeier geworden. Während im Haus der letzte Tag des Jahres stilvoll mit einem Silvesteressen verabschiedet wird, ist im Biergarten um die Schirm-Bar Party angesagt, eintrittsfrei wohlgemerkt, wie auch die Dixielandveranstaltung. Um Mitternacht wird traditionsgemäß die „Ode an die Freude" aus Beethovens 9. Sinfonie gespielt, deren Text von Friedrich Schiller stammt. So mancher lauscht in der letzten Nacht des Jahres ganz ergriffen den klassischen Klängen und kehrt einen Moment in sich, bevor bis zum Morgen weitergefeiert wird. Ein vom Schillergarten organisiertes Höhenfeuerwerk am Loschwitzer Elbufer taucht den Himmel, das „Blaue Wunder" und die Elbe in die schönsten Farben und ist weithin zu sehen.

In unregelmäßigen Abständen veranstaltet der Schillergarten mehrmals im Jahr Lesungen, die ihren Fokus auf den Namensgeber des Hauses, Friedrich Schiller, lenken. Meist sind es Autorenlesungen zu neuen Werken, die sich mit Schiller, seinem Leben und dem Werk auseinandersetzen. Sie werden gemeinsam mit dem Buch- und KulturHaus Loschwitz veranstaltet und stellen damit einen Brückenschlag zwischen den früher als „Schwester-Gemeinden" bezeichneten Stadtteilen Blasewitz und Loschwitz dar. Seit Mai 2005 gibt der Schillergarten eine eigene Hauszeitung mit dem Namen „Potz Blitz" heraus, die sich mit aktuellen Themen rund um das Restaurant, mit Friedrich Schiller sowie der Umgebung in Blasewitz und Loschwitz befasst, aber auch Reportagen zu kulturellen Ereignissen und historische Artikel veröffentlicht. Die 24-seitige vollfarbige, kostenfreie Zeitung hat einen großen Interessentenkreis gefunden und sich zu einer Art Stadtteilmagazin entwickelt.

Die Gesellschaftsräume im Schillergarten sind auch Heimat verschiedener Stammtische. So treffen sich hier die Freunde des Kultmotorrades „Harley Davidson", um sich bei deftiger Küche und einem Bier auszutauschen, Reisen zu planen und Motorradausfahrten zu organisieren. Auf einem extra für die Motorräder eingerichteten Parkplatz neben der Toreinfahrt finden sich dann auch zahlreiche Schaulustige ein, die die Maschinen bewundern, aus nächster Nähe betrachten und interessiert fachsimpeln. Auch der Stammtisch der Offizierschule des Heeres und der Lions-Club haben im Schillergarten ihren regelmäßigen Treffpunkt.

Eine ganz besondere Runde trifft sich aller zwei Monate im Haus: der Beirat des Schillergartens zu Dresden-Blasewitz. Wohl einzigartig in der Restaurantgeschichte Dresdens, setzt sich dieser Beirat aus derzeit 24 führenden Persönlichkeiten bedeutender Dresdner Unternehmen, aus Künstlern und Wissenschaftlern zusammen. Sie pflegen die Kontakte untereinander, stehen dem Unternehmen Schillergarten beratend zur Seite und ermöglichen durch ihre Finanzierungen verschiedene Projekte des Hauses. So war es durch den Beirat möglich, sowohl die Schiller-Gedenksäule im Biergarten als auch die zwei Medaillons von Schiller und der „Gustel von Blasewitz" zu restaurieren. Die Mitgliedschaft in diesem Beirat kann nicht durch Antrag erreicht werden, der Beirat berät nach Ausscheiden eines Mitgliedes über „Wunschkandidaten" und trägt ihnen die Mitgliedschaft an. Einmal im Jahr schaffen sich die Beiratsmitglieder mit ihren Partnern gemeinsame Erlebnisse in einer Wochenendausfahrt, die sich in der Regel zu kulturhistorischen Orten bewegt.

Ihrer Sportbegeisterung verleihen die Eigentümer des Schillergartens auf vielfältige Weise Ausdruck, so zum Beispiel als Sponsor des 10-Kilometer-Laufes während des Oberelbemarathons, einem der schönsten Landschaftsläufe Deutschlands. Der Startschuss dafür wird am Schillergarten gegeben, an dem auch die Verpflegungsstation aufgebaut ist. Während der Fußball-Weltmeisterschaft im Jahre 2006 war der Schillergarten mit seinen Videowänden einer der größten „public viewing"-Plätze Dresdens. Jeder Platz im Biergarten war besetzt, die fußballbegeisterten Dresdner freuten sich und litten gemeinsam mit den Mannschaften, insbesondere natürlich der deutschen.

Mit all diesen kulturellen und sportlichen Aktivitäten, der Etablierung eines Beirates, seiner aktiven Mitgliedschaft im Dresdner Tourismusverein e.V., im Landesverein Sächsischer Heimatschutz und im Förderverein der Dresdner Philharmonie integriert sich der heutige Schillergarten in vielfältiger Weise und mehr als je bisher in seiner Geschichte in das Leben der Stadt Dresden und soll es noch lange bleiben: ein Gasthaus voller Leben.

Der Schankraum des Schillergartens im Oktober 2007

Die Wirte und Besitzer

1670	Kurfürstin Magdalena Sybille erwirbt ein Gut in Blasewitz als Wohnung und Jagdhaus für den Förster
1683	Erstmalige Erwähnung des Jagdhauses als „Kurfürstliche Schenke"
1704	Johann Peter Matthie, Stubenheizer von August dem Starken, erhält das Grundstück mit dem darauf haftenden freien Bierschank geschenkt
1730	Karl Matthie, Sohn von Johann Peter Matthie, baut an; ein Teil dieses Anwesens ist der heutige Schillergarten
15.06.1764	Witwe Johanna Dorothea Segedin, die Mutter der „Gustel von Blasewitz", kauft die Fährschenke für 4.200 Taler, Haus stand zur Zwangsversteigerung; Segedin siedelt am 24.06.1764 in den Schillergarten um und bleibt Besitzerin bis zu ihrem Tode am 17.09.1791
1785	Wirt Heinrich Grote, der 1812 bei einer Häuserzählung als Besitzer der Grundstücke 14 (Gasthof Blasewitz) und 9b (Schenkhaus) ausgewiesen wird
1792	Johanne Justine Renner, die „Gustel von Blasewitz" erwirbt das Gut für kurze Zeit
1793	Verkauf an Ziegelmeister Hampe, den Gatten der älteren Schwester von Johanne Justine Renner, Johanne Frederike
25.01.1835	Kauf durch den Gärtner Karl Adolf Harnisch
10.08.1859	Kauf durch Gottlieb Traugott Leberecht Jursch
19.11.1861	Kauf durch den Kaufmann Robert Wilhelm Thode
06.02.1862	Kauf durch Gustav Robert Miersch
08.01.1866	Kauf durch Johanne Caroline verehelichte Miersch
02.02.1870	Kauf durch Conrad Valentin Rinaldo Miersch und Karl Christian Benno Naumann
20.11.1872	Lederfabrikant Herrmann Robert Bierling erwirbt das Schenkhaus für 16.000 Taler
23.01.1874	Louis Köhler kauft den Schillergarten für 29.000 Taler von Bierling, Übernahme am 01.04.1874
01.01.1894	Kaufmann Herrmann Albin Lauterbach kauft den Schillergarten von Louis Köhler für 180.000 Mark, ab 1896 ist Gast -und Schankwirt Herrmann Julius Naumann, 1895/96 Umbau nach Scherz-Plänen
18.11.1897	Wirt Herrmann Julius Naumann kauft den Schillergarten
15.08.1900	Hedwig, verehelichte Lauterbach infolge Zuschlag
03.04.1901	Zwangsversteigerung für 192.000 Mark
1901	Wirt Emil Walther übernimmt, gibt am 22.11.1903 wegen unerschwinglicher Pacht auf
Dez. 1903	Wirt Fritz Krüger
28.4.1904	Zwangsversteigerung, dennoch Betrieb, Herr Major von Gamm, der mit 200.000 Mark beteiligt ist, hat das Restaurant zum Preise von 125.000 Mark erstanden

02.06.1904	Wirt Brandel
24.06.1904	Sidonie, verehelichte von Gamm, geb. Lauterbach infolge Zuschlag
07.07.1904	geschlossen
07.08.1904	neu eröffnet durch Wirt William Weise (früher Loschwitzhöhe)
23.01.1908	geschlossen, Verhandlungen mit Großbrauerei Dresdens, dem Hofbrauhaus, Hunderte Besucher kehren traurig um, weil Lokal geschlossen
23.02.1908	Bruno Wendler übernimmt als Pächter aus den Händen von William Weise
10.11.1909	Wirt Conrad Siegert und Frau (früher Ratskeller Pieschen)
01.01.1914	Wirt Franz Walenta, übernimmt „Hotel und Restaurant"
10.10.1915	Wirt Robert Lindner betreibt das Lokal bis zu seinem Tod 1927, danach führt es seine Frau Ida mit den Söhnen Erich und Kurt weiter
April 1922	Verkauf an einen Tschechen, der darin eine Hutfabrik etablieren will
Nov. 1922	Kauf wird rückgängig gemacht, der Schillergarten bleibt Restaurant
23.03.1926	Übernahme durch die Stadtgemeinde Dresden zufolge Auflassung
14.11.1927	Widerspruch zu Gunsten diverser Familienmitglieder der Familie von Gamm aufgrund einer einstweiligen Verfügung des Landgerichtes Dresden
07.05.1936	Widerspruch gelöscht
30.04.1943	Eigentümer Landeshauptstadt Dresden
bis 1945	Wirt Egon Stahl
1948	Claus und Sonja Bongers übernehmen den Schillergarten als Pächter
30.04.1951	Übergang in Volkseigentum, vertreten durch das Kommunalwirtschaftsunternehmen der Stadt Dresden
06.10.1960	Beginn des Betriebes durch die HO (Staatliche Handelsorganisation)
1961 - 1980	HO-Gaststättenleiterin Ilse Mannhaupt
1980 - 1985	HO-Gaststättenleiterin Ulla Jüdefeind
1985	Schließung des Traditionsgasthauses
17.10.1991	Übernahme durch die Landeshauptstadt Dresden aufgrund eines Ersuchens der Treuhandanstalt
28.03.1994	Karin Trommler, Manfred Braun, Frank Thelen als Eigentümergemeinschaft übernehmen
25.03.1996	Wiedereröffnung nach 11-jähriger Schließzeit und Sanierung; Wirte Rolf Marsch und Manfred Hoffmann
09.10.1996	Karin Burghardt neue Wirtin
01.01.1998	neuer Pächter Thomas Rieß
August 2002	schwerste Schäden am Haus durch die Jahrhundertflut mit Höchstpegelstand 9,40 Metern
Ende 2003	Kauf durch Frank Baumgürtel, Steffen Brasche, Thomas Jacob, umfangreiche Sanierung und Wiedereröffnung am 1.12.2004

Literaturverzeichnis

Backhaus, Helmuth M. Das Abendland im Kochtopf. München: Franz Ebenwirth Verlag GmbH & Co. KG, 1978.
Davidis, Michael. „Über Schiller im Bilde. Michael Davidis fragt nach der Porträt-Ähnlichkeit." Literaturblatt, November/Dezember 2005.
Dieckmann, Friedrich. Diesen Kuß der ganzen Welt! Der junge Mann Friedrich Schiller. Leipzig: Insel Verlag, 2005.
Dubbers, Anette. Der Schillergarten zu Dresden-Blasewitz. Dresden: Michel Sandstein Verlag, 1996.
Fiedler, Heinz. „Vom Kintopp zum Lichtspielhaus." In Dresdner Geschichtsbuch Bd. 1. Altenburg: DZA Verlag, 1995.
Goedeke, Karl (Hrsg.). Schillers Briefwechsel mit Körner, Von 1784 bis zum Tode Schillers. Leipzig: Verlag von Veit & Comp., 1874.
Goethe, Johann Wolfgang von. Dichtung und Wahrheit. 8. Buch. www.wissen-im-netz.info
Groß, Reiner (Hrsg.). Geschichte der Stadt Dresden, Bd. 2. Vom Ende des Dreißigjährigen Krieges bis zur Reichsgründung (1648-1871). Stuttgart: Konrad Theiss Verlag, 2006.
Gruner, Otto. Blasewitz. Vergangenheit, Entwicklung und jetzige Einrichtungen einer Dorfgemeinde. Leipzig: Verlagsbuchhandlung von Arwed Strauch, 1905.
Herzberg, Annegret. „Reich mir die Hand mein Leben." Potz Blitz, 2. Jhg., 01/2006
Historische Kommission bei der Bayerischen Akademie der Wissenschaften, (Hrsg.). Allgemeine Deutsche Biografie, Bd. 31.
Hochmuth, Christian. „Das Ordnen des Neuen. Zur lokalen Aneignung überseeischer Waren in deutschsprachigen Diskursen und Dresdner Praktiken vom späten 17. bis zum frühen 19. Jahrhundert". Unveröffentlichte Diss. phil. am Institut für Geschichte der TU Dresden. Dresden 2007.
Hoffmann, Gabriele. Constantia von Cosel und August der Starke. Die Geschichte einer Mätresse. Gustav Lübbe Verlag, 1988.
Hottenroth, Edmund. Das Leben eines Malers. Dresden: Paul Aretz Verlag, 1927.
Jäckel, Günter (Hrsg.). Dresden zur Goethezeit. Hanau: Verlag Werner Dausien Hanau, 1988.
Jäckel, Günter. „Goethe und Schiller in Dresden." In Dresdner Geschichtsbuch, Bd. 11. Altenburg: DZA-Verlag, 2005.
Jonas, Fritz. Allgemeine Deutsche Biographie, Bd. 16. 1862.
Kirchenvorstand Ev.-Luth. Heilig-Geist-Gemeinde Dresden-Blasewitz, (Hrsg.). 100 Jahre Heilig-Geist-Kirche zu Dresden-Blasewitz. Dresden.
Kletke, Hermann (Hrsg.). „Kunst und Leben". Aus Friedrich Försters Nachlass. Berlin, 1873.
Klieme, Günter. „Abschied von den Jugendträumen. Schiller in Körners Loschwitzer Weinberg." Dresdner Hefte, Nr. 34, 1993.
Kluckert, Ehrenfried. Schnellkurs Schiller. Köln: DuMont Literatur und Kunst Verlag, 2004.
Lämmel, Reinhard. Das Sachsen-Kochbuch. Ein Gang durch die Historie der sächsischen Essgewohnheiten. Husum, 2007.
Landesverein Sächs. Heimatschutz Dresden, Band XX, Heft 1 u. 2.1931.
Lux, A. R. Blasewitz im historischen Elbbogen. Dresden: B-Edition, 1994.
Naumann, Carl. Artikel in der Leipziger Volkszeitung, 18.8.1878.
Nestler, M. J. Körnerberg und Schillerhaus. Dresden: Verlag von G. Goldsteins Buchhandlung, 1891.
Richter, J.C.A. Dresden um die Mitte des 19. Jahrhunderts. Leipzig, 1973.
Scherz, Karl Emil. „Die Gustel". „Sächsische Dorfzeitung und Elbgaupresse", 1905.
Schmieder, Gottfried. Churfürstliche Polizeyordnung. Dresden, 1783.
Schwabach-Albrecht, Susanne. 150 Jahre Deutsche Schillerstiftung – Schillerfeiern. Heinrich-Heine-Institut, 2005.
Starke, Holger (Hrsg.). Geschichte der Stadt Dresden, Bd. 3. Von der Reichsgründung bis zur Gegenwart. Stuttgart: Konrad Theiss Verlag, 2006.
Tannahill, Reay. Kulturgeschichte des Essens. Von der letzten Eiszeit bis heute. Wien. Berlin, Paul Neff Verlag, 1973.
Thiele, Siegfried. Lingner, Pfund und andere Renner. Dresden: Verlags- & Publizistikbüro e.K., 2002.
Zeh, Carola. „Lichtspieltheater in Sachsen. Entwicklung, Dokumentation und Bestandsanalyse." Dissertation in Baugeschichte/Bauforschung an der Otto-Friedrich-Universität Bamberg. Bamberg, 2005.

„Sächsische Dorfzeitung und Elbgaupresse" von 1884 bis 1933

Bildnachweis

Archiv Schillergarten S. 8 (1x), S. 12, S. 15 (3x), S. 16 (1x), S. 23, S. 24 (3x), S. 26, S. 33, S. 44 (3x), S. 45 (4x), S. 46 (5x), S. 47 (5x), S. 48, S. 49 (3x), S. 50 (2x), S. 51, S. 53, S. 54, S. 55, S. 58 (2x), S. 60 (3x), S. 67 (3x), S. 76 (1x), S. 77, S. 80 (6x), S. 85 (2x), S. 90, S.93 (2x), S. 100/101 (6x), S. 103, S. 104, S. 106, S. 107, S. 109, S. 111 (2x), S. 112 (2x), S. 113 (2x); Sächsische Landesbibliothek – Staats- und Universitätsbibliothek (SLUB), Deutsche Fotothek S. 10/11, S. 17 (3x), S. 25, S. 35, S. 40, S. 64, S. 75; Städtische Galerie Dresden/Museen der Stadt Dresden S. 11; Klassik Stiftung Weimar, Goethe- und Schiller-Archiv S. 14, S. 22; Otto Gruner S. 12 (2x), S. 15 (1x), S. 28, S. 36, S. 38, S. 44, S. 66, S. 73; Stadtarchiv Dresden S. 40/41, S. 54 (3x), S. 72/73 (2x), S. 90; Ortsgeschichtliche Sammlung Blasewitz und Umgegend Karl Emil Scherz S. 37, S. 44, S. 58, S. 76 (1x), S. 125 (1x); Hauptstaatsarchiv Dresden S. 70; Archiv Bürgerstiftung S. 23; Goethezeitportal www.goethezeitportal.de S. 18; Archiv DVB AG S. 47 (1x), Dörte Gerlach S. 4, S. 6/7, S. 14, S. 30, S. 31 (2x), S. 40, S. 46/47, S. 57 (4x), S. 58/59, S. 61 (2x), S. 63 (3x), S. 65 (2x), S. 66 (2x), S. 67, S. 70, S. 89, S. 98/99 (5x), S. 102, S. 114, S. 115 (4x), S. 116/117 (12x), S. 119, S. 120/121 (15x) sowie alle Detail- und Hintergrundaufnahmen des Schillergartens; Archiv Benjamin Göhl S. 16; Friedrich Dieckmann „Diesen Kuß der ganzen Welt!" S. 25; Archiv Volkmar Burger S. 38; Archiv Susanna Fendler S. 46 (2x), S. 69; Archiv Jochem Mosch S. 13, S. 27, S. 42/43, S. 50 (2x), S. 65, S. 79, S. 82 (2x) (Foto: S. Giersch, Foto: Nützenadel); Wikipedia S. 21, S. 32; Archiv Karin Trommler S. 83 (4x), S. 84 (2x), S. 86 (6x); Archiv Matthias Griebel S. 69; Archiv Manfred Wille S. 100/101 (3x); Archiv Bernd Beyer S. 8 (1x), S. 111 (Foto: Margot Schurig); Familienarchiv Hoch S. 106 (1x); Archiv Dörte Gerlach S. 53

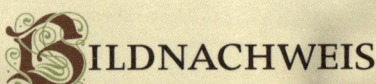

Das als „Schweizer Haus" bezeichnete Gebäude des Schillergartens 1890 und heute

Lebensdaten ausgewählter Personen

Barlach, Ernst, 1870-1938
Carus, Carl Gustav, 1789-1869
Cosel, Anna Constantia Reichsgräfin von, 1680-1765
Dannecker, Heinrich, 1758-1841
Engelke, Martin, 1852-1932
Förster, Friedrich, 1791-1868
Friedrich August, Prinz, 1865-1932
Goethe, Johann Wolfgang von, 1749-1832
Graff, Anton, 1736-1813
Grillparzer, Franz, 1791-1872
Hammer, Julius, 1810-1862
Herder, Johann Gottfried, 1744-1803
Hottenroth, Woldemar, 1802-1894
Huber, Ludwig Ferdinand, 1764-1804
Karl Eugen, Herzog, 1728-1793
Körner, Christian Gottfried, 1756-1831

Köpcke, Claus, 1831-1911
Königsheim, Arthur Willibald, 1816-1886
Litfaß, Ernst, 1816-1874
Moltke, Helmuth Karl Bernhard Graf von, 1800-1891
Naumann, Johann Gottlieb, 1741-1801
Palitzsch, Johann Georg, 1723-1788
Pietzsch, Martin, 1866-1961
Rassau, Oskar, 1843-1912
Scherz, Karl Emil, 1860-1945
Schiller, Friedrich, 1759-1805
Segedin, Johanne Justine, 1763-1856
Serre, Friedrich Anton, 1789-1863
Wagner, Richard, 1813-1883
Wagner, Theoder, 1800-1880
Wieland, Christoph Martin, 1733-1813
Wolzogen, Caroline von, 1763-1847

Ein Wort zum Ausklang

Das Leben besteht immer aus Chancen. Solchen, die man anderen gibt und solchen, die andere einem gewähren. Es ist ein Glücksfall, wenn beides zusammenfällt.

Wir, die Autorin Daniella Fischer sowie die Grafikerin des Buches, Dörte Gerlach, danken daher an erster Stelle ganz herzlich den Besitzern des Schillergartens, Frank Baumgürtel, Steffen Brasche und Thomas Jacob, für die Chance, dieses Buch haben schreiben und gestalten zu können. Die Entdeckungsreise in die Geschichte ihres Hauses wurde zu einem Streifzug in unsere eigene Heimat, zu einem spannenden Pfad zu Ereignissen, Menschen und Orten – und ein Stück näher zu uns selbst.

Für die kritische Durchsicht des Manuskriptes und das Lektorat geht unser besonderer Dank an Sie, lieber Matthias „Matz" Griebel. Als Direktor des Dresdner Stadtmuseums i.R. und Mitglied des Beirates des Schillergartens zu Dresden-Blasewitz haben Sie uns mit Ihren langjährigen Erfahrungen bereichert und mit Umsicht sowie wertvollen Hinweisen bei unserem ersten Buch sehr sensibel begleitet.

Herrn Archivdirektor Thomas Kübler vom Stadtarchiv Dresden sowie seinen Mitarbeiterinnen gilt unser herzlicher Dank für ihr offenes Haus und die Kooperation bei unserem Projekt sowie für ihr der Sache dienendes Entgegenkommen. Auch Herrn Winfried Werner vom Landesamt für Denkmalpflege Sachsen gebührt Dank für seine Unterstützung bei unseren Recherchen in der „Ortsgeschichtlichen Sammlung Blasewitz und Umgegend Karl Emil Scherz".

Für wichtige Hinweise, Denkanstöße, sachbezogene Informationen, fachliche Beratung und kritische Durchsicht von Teilen des Manuskriptes geht unser Dank an Privatdozentin Dr. Kerstin Stüssel vom Lehrstuhl Neuere Deutsche Literaturwissenschaft an der TU Dresden, an Dr. Christian Hochmuth vom Lehrstuhl Geschichte der Frühen Neuzeit an der TU Dresden, an Notar Michael Becker, Reinhard Lämmel sowie an Susanne Dagen vom BuchHaus Loschwitz. Anke Hoppert gebührt Dank für die zeitaufwendige und umsichtige Recherche in alten Zeitungen sowie für die Transkripierung alter Akten. Die richtige Reihenfolge der Buchstaben im Manuskript prüfte Rosemarie Knöfel, für deren genaues Korrektorat wir herzlich danken.

Die unmittelbaren Zeitzeugen des langen Schillergarten-Lebens sind rar, umso intensiver waren die Gespräche mit Susanna Fendler (ehemals Feinkost Fendler am Schillerplatz), Ilse Mannhaupt (Restaurantleiterin 1961-1980), Ulla Jüdefeind (Restaurantleiterin 1980-1985) und Karin Trommler (Mitbesitzerin 1994-2002). Den Blasewitz-Kennern Bernd Beyer, Jochem Mosch und Wolfgang Wahrig mit ihrem schier unerschöpflichen heimatkundlichen Wissen sei versichert, dass vieles aus unseren gemeinsamen Gesprächen in dieses Buch eingeflossen ist. Vielen Dank für Ihre Zeit.

Ein ganz persönlicher Dank gebührt an dieser Stelle außerdem meinem Mann Peter Fischer, der sich insbesondere um die Beschaffung zahlreicher, mir unauffindbar scheinender Literatur in Bibliotheksbeständen verdient gemacht hat und die intensive Zeit des Schreibens geduldig begleitet hat.

Dresden, im Oktober 2007